鈴木荘一

愚かなる開戦

近衛文麿、命を賭した和平交渉

毎日ワンズ

愚かなる開戦

近衛文麿、命を賭した和平交渉——目次

第一章　西園寺公望の後継者

第二章　ワシントン体制と「憲政の常道」

第三章　共産ソ連の防波堤

第四章　憲政の常道の終焉

第七章　幻の宇垣一成内閣

第八章　公爵近衛文麿の登場

第九章　包囲された日本

第十章　運命の日米交渉

第十一章　開戦は不可なり

第十二章　近衛上奏文

【寄稿】解説に代えて――風雪に耐えた近衛文書

＊本書には、今日では差別的と解釈されかねない表現をそのまま表記した箇所がありますが、差別を助長する意図は一切ないことをお断りいたします。

毎日ワンズ編集部

第一章　西園寺公望の後継者

西園寺家と弁天信仰

そもそも近衛文麿(このえふみまろ)を政治の世界に引き出したのは、西園寺公望(さいおんじきんもち)である。西園寺公望と近衛文麿はともに、天皇の藩屏(はんぺい)として天皇を補佐する上級公卿(くぎょう)という身分であった。

天皇制を維持するには、天皇は政治に関わることを避け、万一騒乱や戦争となった場合は局外中立を保たなければならない。もし朝廷と幕府が戦い、朝廷側が敗れれば、天皇の権威は大きく損なわれる。

かつて後鳥羽上皇は「北条義時追討」の院宣(いんぜん)を発して承久三年（一二二一年）に挙兵したが敗れ、上皇は隠岐に配流され、爾来、朝廷の権力は著しく衰微した。上級公卿としては、こういうことが二度とあっては困るのだ。

幕末期において、幕府は表面上ながら朝廷を崇(あが)めていたから、孝明天皇は妹の和宮(かずのみや)を第十四代将軍徳川家茂に降嫁させ、公武合体すなわち幕府との協調路線を採り、政治は引き続き幕府に委ねた。しかるに長州藩にそそのかされた三条実美(さねとみ)は攘夷倒幕を目指し、

「(天皇は) 攘夷御祈願のため大和国行幸、神武帝山陵、春日社等御拝、御親征軍議あらせられる」

との偽(にせ)の詔(みことのり)を発した。

　孝明天皇は下級公家に過ぎない三条ごときが攘夷倒幕の詔を偽造したことに激怒し、文久三年（一八六三年）八月十八日、中川宮、近衛忠熙、二条斉敬、徳大寺公純、近衛忠房ら公武合体派の公卿及び京都守護職松平容保を召し、

「行幸の取り消し。攘夷派公家の参内禁止。長州藩の堺町御門警護の解任」

を命じた。

　いわゆる「八・一八政変」である。

　なお、この政変に参加した清華家の徳大寺公純の次男が西園寺公望である。嘉永二年（一八四九年）に生まれた美丸（公望の幼名）は二歳のとき、同じ清華家の西園寺師季の養子となった。清華家（久我・三条・西園寺・徳大寺・花山院・大炊御門・今出川の七家）は、藤原氏嫡流で公卿社会の頂点に立つ摂関家（近衛家・九条家・二条家・一条家・鷹司家の五家）に次ぐ上級公卿だった。

　しかし西園寺師季が間もなく死去したので美丸は西園寺家の家督を相続し、実質的には実父の徳大寺公純の強い影響下で成長することとなる。徳大寺公純は孝明天皇の信任厚い公武合体派の公卿で、保守的かつ剛直な性格で、それが美丸の性格にも投影した、とされる。

　美丸は孝明天皇が京都に設置した学習院で学び、十一歳のとき御所に出仕して祐宮（のちの明治天皇）の相撲やカルタなどの遊び相手になった。

上級公卿同士の人間関係は割と濃密で、清華家の美丸は幕末の少年期、五摂関家筆頭の近衛忠熙（近衛文麿の曾祖父）から書道を習ったこともあった。公卿にとって和歌と書道は必須科目である。

ちなみに西園寺家は琵琶の家元でもあった。昔「妙音院」と讃えられた琵琶の名手、藤原師長から伝授を受け、邸内に師長を祀ってこれを「妙音院」と称した。これは雅楽の神であるが、いつの間にか京都の町衆の間で「弁財天」と呼ばれるようになる。さらにそれが琵琶湖の竹生島の女神「弁天」の信仰と結びついて、同家では正室を迎えると弁天様の祟りがあるなどといわれていたという。もちろん同家の方でそんな言い伝えを広めたわけでもあるまいが、この訛伝は家元としての西園寺家を神秘化するうえで役立ち、代々の当主は琵琶道の修練と奥義の探究に余念がなかった。だが美丸は「こんなものは役に立たない」といって琵琶の稽古を嫌い、母親を困らせたという（もっとも、公望は家訓を守り生涯独身を貫いた。ただ妾は四人いて、そのうちの一人、四十六歳年下の花子をパリ講和会議に同伴している）。

孝明天皇崩御

「八・一八政変」のとき中川宮は、

「議奏並びに国事掛の輩、長州主張の暴論に従い、叡慮にあらせられざる事を、御沙汰の由に申し候こと少なからず。なかんずく御親征、行幸などのことに至りては、即今いまだ機会来たらずとおぼしめされ候を矯(た)めて、叡慮の趣に施し行い候段、（孝明天皇の）逆鱗少なからず。右様の過激、疎暴の所業あるは、まったく議奏並びに国事掛の輩が、長州の容易ならざる企てに同意し、聖上へ迫り奉り候は不忠の至りにつき、三条中納言（実美）始め、追って取調べ相成るべし」

と述べた。すなわち中川宮は、

「大和行幸の詔は孝明天皇の意思ではなく、中納言による偽勅である」

と弾劾したのだ。このため三条実美、三条西季知(すえとも)、沢宣嘉(のぶよし)、東久世通禧(みちとみ)、四条隆謌(たかうた)、錦小路頼徳(よりのり)、壬生基修(みぶもとおさ)の七人は京都を追われ、長州藩士とともに長州へ下った（七卿落ち）。孝明天皇はいたく満足し、中川宮、近衛忠熙、二条斉敬に宛てて、

「三条はじめ暴烈の処置は、深く痛心の次第。いささかも朕の料簡を採用せず、そのうえに言上もなく浪士輩と申し合わせ、勝手次第の処置多端。表には朝威を相立て候などと申し候えども、真実の朕の趣意相立たず。誠に我儘。下より出る叡慮のみ。いささかも朕の存意は貫徹せず。じつに取り退けたき段、かねがね各々へ申し聞かせおり候ところ、さる十八日に至り、望み通りに忌むべき輩を取り退け、深く悦び入り候事に候。重々不埒(ふらち)の国賊の三条はじめ取り退

け、実に国家の為の幸福。このうえは朕の趣意の相立ち候事と、深く悦び入り候事」

との手紙を送った。

これに対してあくまで攘夷倒幕を唱える長州藩の木戸孝允（たかよし）らは元治元年七月、

「烈風の夜を選んで御所に火を放ち、孝明天皇の身柄を長州へ移して攘夷を断行する」

ことを目論み長州兵三千余人で御所に攻めかけたが、幕府軍に撃退された（蛤御門の変）。この、

「天皇を奪って私権を弄する」

という木戸孝允らの悪謀こそ、明治維新という日本の近代の出発点なのである。

ところが孝明天皇が慶応二年十二月二十五日（一八六七年一月三十日）、三十五歳の若さで急逝する。医師たちの発表によれば死因は天然痘であった。しかしいまでも、

「岩倉具視が女官の妹を操り孝明天皇に毒を盛った」

とする暗殺説が根強く語られている。もちろんこれについて、何ら確証はない。確かなことは、

「孝明天皇の死を契機に、天皇に疎まれていた岩倉具視が朝廷を牛耳るようになった」

ということである。

議会政治を目指した徳川慶喜

孝明天皇の崩御とそれに伴う混乱を収拾するため、将軍徳川慶喜は慶応三年十月十四日、「大政奉還上表文」を朝廷に呈出した。慶喜はこの上表文で、

「外国との交際が盛んになっている今日では、従来の旧習を改め、広く天下の公議を尽くし、聖断を仰いで国民が同心協力すれば、皇国の時運を保護できるだけでなく、海外の万国と並び立つことが可能」

と唱えた。これを書いた若年寄永井尚志（なおゆき）（三島由紀夫の高祖父）は大政奉還の思潮を、

「新しい政治体制を議会主義に基づく公議政体へ移行すべき」

と説いたのである。すなわちこの「大政奉還上表文」はただ単に政権を返上するというだけでなく、議会政治への移行をも提言していたのだ。

さらに慶応三年十一月、慶喜のブレーンの幕府開成所教授西周（にしあまね）が慶喜に「議題草案」を提出し、大政奉還後のわが国の新しい政治体制を次のように提議した。

「イギリス議会主義を手本として、天皇はイギリス国王のような君臨すれども統治しない国家元首となり、大君（将軍）はイギリス首相のような政治指導者になり、一万石以上の大名を世襲の上院議員にして、封建主義から立憲君主制へ移行する」

要するに慶喜による大政奉還とは、幕藩体制に代えて公議政体を目指し、「開国を完成させた慶喜が中心となってイギリス型議会主義へ転換すること」だったのである。

イギリスは国王を元首とする立憲君主制で、国王は「君臨すれども統治せず」の原則により政治責任を負わない。首相が政治上の指導者である。イギリス立法府は上院と下院による二院制で、上院は世襲貴族や聖職者等から構成される。イギリスにはいまでも貴族制度が残っている。だから当時の日本が、天皇制や公家制度など古くからのしがらみを遺しながら近代化を図るには、イギリスを手本とすれば公議政体へ容易に移行できるわけだ。

徳川慶喜は「刀槍の時代の次は、議会の時代」と考え、イギリス型公議政体を目指した。そして、その成果は、わが国の現代政治にいまも引き継がれているのである。

木戸孝允と大久保利通の密謀

徳川慶喜が大政奉還を断行した同じ日の慶応三年十月十四日、大久保利通と広沢真臣（さねおみ）（長州藩士）に「討幕の密勅」が授けられた。そこには、

「汝、宜しく朕（明治天皇）の心を体し、賊臣慶喜を殄戮（てんりく）せよ」

と記されていた。この討幕の密勅は摂政二条斉敬（幕府派）の名がなく、前大納言中山忠能（ただよし）

(明治天皇の外祖父)、前大納言正親町三条実愛、権中納言中御門経之の署名のみで花押はなく、明治天皇の署名もない偽勅だった。のちに正親町三条実愛はこの密勅について、

「薩摩に賜った密勅は自分が書いた。長州に賜ったのは中御門が書いた。このことは二条(斉敬)にも親王方にも少しも漏らさず、ごく内々のことで、自分ら三人と岩倉のほか誰も知る者はない」(「旧館林藩士岡谷繁実聞き取り」)

と正直に告白している。いみじくも正親町三条実愛が語ったように、討幕の密勅は岩倉具視らの独断による偽勅だったのである。

この討幕の密勅によって、「議会の時代」すなわち公議政体の到来を想定した徳川慶喜の理想は一気に覆された。討幕を果たすための主な道具は大砲である。大久保利通や木戸孝允は「刀槍の時代」の次は「大砲の時代」と考えたのだ。その結果、わが国の近代史が「大砲と戦争の時代」から始まり、ついには大東亜戦争を引き起こして、三百十万人の国民を死に追いやるのである。

ところで、この偽勅が飛び出した裏には、木戸孝允の暗躍があった。

大政奉還二カ月前の八月二十日、木戸が坂本龍馬に、

「大政返上(大政奉還)のことも、七、八分まで行けば、そのときの状況で、十段目は砲撃芝居以外には、やり方がないだろうと思う」

と話すと、龍馬は感服してすぐさまオランダのハットマン商社から購入したライフル銃千挺を土佐藩の板垣退助に届けた。木戸は龍馬に、

「幕府が大政奉還により公権力の名分を失ったあとに『私闘』を仕掛け、武力で幕府を倒す」

という二段階革命論を吹き込んだのだ。

これを踏まえて大久保利通が、倒幕の密勅が下る六日前の十月八日、西郷隆盛及び小松帯刀との連名で岩倉具視・中山忠能・正親町三条実愛に「討幕の宣旨を下す請願書」を提出し、

「国家の為、干戈を以て其罪を討ち、奸凶を掃攘し、王室恢復の大業相遂げたく、義挙にあい及び候につき、宣旨降下あい成り候ところ、御尽力成し下されたく願い奉り候」(「大久保利通文書」)

と願い出た。

朝廷が要求に応えて討幕の密勅を下すと薩摩藩から藩兵三千人が、長州藩から奇兵隊ら千二百人が、広島藩から三百人が入京を目指し、京坂神地方に集結した。

小御所会議

そこで慶応三年十二月九日に小御所会議が開かれる。参加者は、朝廷から明治天皇並びに岩

倉ら薩長派の公卿衆、大名は尾張藩の徳川慶勝、越前藩の松平慶永（春嶽）、土佐藩の山内豊信（容堂）、薩摩藩の島津忠義、広島藩の浅野茂勲（もちこと）の五人。

まず議定中山忠能が、

「徳川慶喜が大政を奉還したので、王政の基礎を定めるため、この会議を開く」

と開会の辞を述べて議題に移ろうとしたところ、土佐藩の山内容堂がそれを遮り、

「この会議に徳川慶喜が召されていないのは公平でない。二条城にいる徳川慶喜を早々に朝議に加えられたい。およそ本日のことは頗る陰険にわたっている。二、三の公卿たちはなぜ今日のような独断を行ない、あえて天下の乱階を開こうとされるか。この暴挙をあえてした二、三の公卿の意中を推しはかれば、幼冲（ようちゅう）の天子を擁して権力を私しようとするものだ」

と岩倉具視を厳しく糾弾した。突然矢面に立たされた岩倉は一瞬たじろいだがすぐさま、

「御前でござるぞ、お慎みあれ。『幼い天子を擁して』とは無礼にもほどがあろう」

と反撃した。しかし松平春嶽、徳川慶勝、浅野茂勲が容堂に同調したため会議は紛糾、議論は深夜に及び、いったん休憩となった。このとき、会議に陪席していた薩摩藩士岩下左次右衛門が、筒袖・へこ帯に刀を差した姿で小御所の警備にあたっていた西郷隆盛に容堂の発言を耳打ちすると、西郷は、

「短刀一本あれば片付くことではないか。このことを岩倉公に伝えてくれ」

といい含めた。西郷は、もし雄弁家の慶喜を出席させれば、公卿たちは言い負かされてしまうと考えたのだ。

伝言を聞いた岩倉が脇差をたばさみ、鬼の形相で席に戻ると、大名らは気圧されてしまい、結局、慶喜追討が決定されるのである。

このときから、明治維新という「大砲による日本の近代」が始まる。そして狂信とでもいうべき攘夷思想が昭和になって息を吹き返し、ついに日米戦争を引き起こして、膨大な人命を犠牲にして、破局を迎えるのだ。


私事にわたって恐縮だが、私は東京生まれの東京育ちだが小学校卒業と同時に父の仕事の都合で、福島県の会津若松へ移った（二年後に東京へ戻る）。この中学校生活のとき、会津の古老が私に、

「坊や、よくお聞き。薩長が会津を攻め滅ぼしたことが太平洋戦争敗北の原因なのだよ」

と語った。そのときは、

「そんな馬鹿なことがあるか。ただ負け惜しみをいってるだけなのではないのか」

と、にわかには信じなかった。

しかしこの古老の指摘は、実に正鵠を得たものだったのである。

西園寺公望の登場

戊辰戦争という大義なき無益な暴力と流血によって始まった日本の近代を平和主義に転換させようと苦闘したのが、上級公卿出身の西園寺公望である。

明治新政府は公議政体を目指し、五箇条の御誓文の「広ク会議ヲ興シ万機公論ニ決スベシ」を建前としたが、実際は、大久保利通が有司による「独裁政治」を強行したため、政権内で大久保に対する反発が高まり、板垣退助や後藤象二郎らによる自由民権運動が生じた。そして板垣と後藤らが明治七年に「民撰議院設立建白書」を政府に提出し、明治十三年（一八八〇年）三月に「国会期成同盟」を結成すると、自由民権運動が燎原の火の如く広がった。公武合体派だった西園寺公望やその弟子の近衛文麿も、この系譜に属することとなる。

西園寺は、攘夷倒幕を叫ぶ下級公家が主導した幕末維新の動乱には背を向け、戊辰戦争が終わると留学生としてパリに向かった。そこから約十年間、ヨーロッパの知識・思想・文化を吸収し、下宿が同じだったクレマンソー（のちにフランス首相）や留学生仲間の中江兆民、松田正久（のちに蔵相）らと親交を深め、明治十三年十月に帰国する（留学中、明治天皇が毎年三百ポンドを西園寺に送金したという）。

すると翌年、西園寺は松田正久から、

長崎遊学中の西園寺公望
(上野彦馬撮影)

「板垣退助の自由党結党に向けて新聞を出すから力を貸してくれ」

と誘われた。パリで自由思想の洗礼を受けた西園寺はこれを引き受け、西園寺が社長、松田が幹事、中江兆民が主筆となり、東洋自由新聞（発行部数二千部）が明治十四年三月十八日に創刊された（だが西園寺は自由民権運動を嫌った明治天皇の内勅によりわずか一カ月で辞任）。

国会即時開設論者の大隈重信と時期尚早論者の伊藤博文が争った「明治十四年の政変」で国会開設が十年後と決まると、板垣は明治十四年十月に自由党を結成し、大隈は翌明治十五年三月に改進党を結成する。

一方、伊藤は明治十五年にヨーロッパ各国の憲法を調査するため渡欧、このとき、随員だった西園寺公望が伊藤の目に留まる。伊藤は帰国するや華族令を定めて旧公卿・旧大名や維新功労者を華族として、貴族院の創立に備え、太政官制を廃止して内閣制度を創設し、自ら初代総理大臣となった。

こうして明治二十三年（一八九〇年）七月、第一回衆議院議員総選挙が実施され、議員総数三百名のうち民党（野党）は自由党百三十名、改進党四十一名、計百七十一名で過半数を占め、明治二十三年十一月に、アジアで初めて国会（第一回帝国議会）が開かれるのである。

近衛文麿の誕生

国会が開設された翌年の明治二十四年十月十二日、近衛文麿は公爵近衛篤麿（あつまろ）と妻衍子（さわこ）（旧加賀藩主前田慶寧の五女）の長男として東京で生まれた。

ところが母衍子が文麿を生んで八日目に産褥熱のため死去したため、父篤麿は後妻に貞子（衍子の異母妹、前田慶寧の六女）を迎えた。文麿は長じるまで貞子を実母と思い込んでいたという。

そもそも公卿は武家と異なり、秘密主義の傾向が強い。藤原摂関家という公卿の最高位にあった近衛が容易に本心を明かさないのも、自然だったといえる。近衛は多くの人々から好かれ、人気も高かったが、逆に他人を信用せず、高い評価も与えなかった。誰かが近衛に期待して近づくと、近衛は愛想よく応対し、話によく耳を傾けたが、心から聞きもしないし、彼らの意見を採り入れることもなかった。近衛の信念は、

「独立独歩、わが道を行く。わが道とは天皇の藩屏として、天皇を御助けすることである」

という一点に尽きた。

近衛には敵はいなかったが、味方もいなかった。それは近衛が本心を明かさなかったからであろう。


さて、第一回帝国議会が開かれると、山県有朋藩閥内閣は民党を無視する超然主義で臨んだ。ところが山県内閣が提出した予算案を民党が拒否、このため山県内閣は総辞職寸前まで追い込まれる。そこで山県は板垣ら自由党土佐派四十名を切り崩した。これにより予算案はかろうじて成立したが、大阪選挙区から立候補し当選した中江兆民は、酒と女で買収された土佐派を「ウジ虫ども」と罵り、議員を辞職してしまう。その辞職願いには山県への皮肉を込め、「あまりに酒を飲み過ぎてアルコール中毒になり、議員活動ができなくなった」と書かれていた。

だがその後政府側は、

「超然主義といっても民党の協力がなければ予算も法律も成立しない。議会を無視した政権は長続きしない」

と思うようになり、一方の民党側も、

「反対するだけでは議論は深まらない。建設的政策を立案しなければ薩長藩閥を倒せない」

と悟るようになる。

明治二十九年三月一日、大隈重信は改進党を進歩党へ改組、明治三十一年六月には自由党と合流して憲政党を結成し、板垣退助と協力して隈板(わいはん)内閣（総理大隈重信、副総理板垣退助）を組閣した。これは、政党人によるわが国初の政党内閣である。

このとき、政党内閣を嫌った陸海軍は陸相・海相を出さず組閣を妨害したが、明治天皇が優詔(ゆうしょう)を下して前内閣の陸相桂太郎・海相西郷従道を留任させて、隈板内閣をスタートさせた。だが隈板内閣は同年十月、自由党系と進歩党系の内紛によりもろくも倒れてしまう。

桂園時代

失敗に終わった隈板内閣のあとを継いだ第二次山県内閣は、政府の施策が政党勢力から介入されぬよう超然内閣の強化を目指して内務省勢力の確立を図り、文官任用令を改正し、明治三十三年五月に陸海軍大臣を現役の大将・中将に限る軍部大臣現役武官制を定めた。

一方伊藤博文は、もはや「政党勢力の進出は止められない」と考え、隈板内閣が内紛で倒れると、自由民権派の西園寺公望の協力を得て旧自由党系の勢力を囲い込んで明治三十三年九月に政友会を結成し、自ら、初代総裁となった。

そもそも前述のとおり最後の将軍徳川慶喜は「議会政治」への移行を目指して大政奉還を断行したのである。だから伊藤が西園寺と組んで政友会を結成したことは、長州閥も「徳川慶喜が敷いた議会制度というレールの上に乗った」ということになる。

伊藤は明治三十三年十月に政友会を基盤として第四次伊藤内閣を発足させ、退陣後の明治三十六年には枢密院議長に就任し、政友会第二代総裁の座を西園寺公望に譲った。西園寺が東洋自由新聞創刊などを通じて自由党内に培った人脈が旧自由党系勢力の囲い込みに役立ったことを高く評価し、借りを返したのだ。

第四次伊藤内閣が退陣すると、山県有朋の腹心である陸軍大将桂太郎が第一次桂内閣を発足させる。

これ以降、維新の元勲である藩閥指導者たちは第一線を退いて元老となり、後継首相の推薦や重要国務に参画し、それぞれが育てた後継者を表舞台へ登場させて世代交代を進めるとともに、自らは天皇の最高顧問として隠然たる力を振るうようになる。なお当時の元老は伊藤博文、山県有朋、黒田清隆、井上馨、松方正義、大山巖、西郷従道の七名で、すべて薩長出身者であった。

第一次桂内閣と第一次西園寺内閣から始まる数年間は、桂太郎と西園寺公望が交互に内閣を組織したので桂園時代といわれている。桂園時代とは実に巧妙な統治システムだった。

桂太郎は山県有朋の知恵袋であり、腹心である。

西園寺公望は伊藤博文の右腕であり、後継者である。

だから桂と西園寺が交互に内閣を組織した桂園時代とは、長州閥の山県と伊藤が政権をタライ回しし、山県が藩閥・陸軍・内務省を、伊藤が議会を支配し、桂園という振り子を彼らが左右に振ったのである。この桂園時代の特色は、

一、「二内閣が一仕事を完遂する」を確立した。

二、国民に「政権交代」を、実際に目に見える形で提示した。

である。

そしてわが国はこの大正期に、政友会と憲政会（のちの民政党）の二大政党による、イギリスやアメリカの議会制度にも勝るとも劣らない、政権交代による議会政治を開花させるのである。

第一次桂内閣は山県有朋の超然主義を継承し、「二流内閣」「緞帳（どんちょう）内閣（山県有朋が緞帳の陰に隠れているという意味）」「小山県内閣」などと揶揄（やゆ）されながらも日英同盟を締結し、苦戦し

ながらも日露戦争を勝利に導く。だが多額の戦費で財政が破綻したので、この課題を後継内閣に委ねて、明治三十九年（一九〇六年）一月七日に退陣した。

第一次西園寺公望内閣

同日、桂から禅譲される形で西園寺公望が第一次西園寺内閣を組閣した。このとき明治天皇は「公望が宰相になった」といって大喜びしたという。第一次西園寺内閣の最大の政治課題は、日露戦争で破綻状態となった財政の再建である。

ところが財政が破綻状態であるにもかかわらず陸軍は二十五個師団体制を、海軍は八・八艦隊（戦艦八隻・巡洋艦八隻）を、政友会は鉄道建設・港湾整備など地方開発予算を強硬に要求、予算配分を巡って陸軍と海軍と政友会による三つ巴の対立が生じた。この対立をどう調整するか、これが政局の焦点となる。

このため西園寺は、

「陸海軍の軍備拡張要求はもっともだが、財政状態が厳しいから緩急をつける必要がある」

との基本方針を定め、イギリスとの同盟強化により国防上の脅威を緩和したうえで、明治四十年九月、新たに二個師団（岡山・久留米）を増設して十九個師団体制とし、陸軍との妥協を図った。

しかし西園寺は政党政治を嫌う山県の執拗な妨害に嫌気がさし辞職、後継に桂を奏薦する。桂は第二次桂内閣を発足させると緊縮財政に取り組んだが、不況から脱却できず、財政赤字は改善せず、しかも明治四十三年五月に「大逆事件」が発生したため、桂は責任を取って明治四十四年八月に退陣した。

第二次桂内閣退陣を受けて成立した第二次西園寺内閣は再び財政再建に取り組み、大正元年度予算編成で、新規事業をすべて拒否する緊縮財政を実行に移す。

さらに大正二年度予算編成に際しては閣議で、「各省とも経常歳出を一割以上削減する」よう申し合わせた。これにより陸軍の師団増設予算要求を門前払いにした。ところが海軍予算については、

「戦艦三隻建造費用九千万円を予算化し、五カ年計画として、初年度分六百万円」

を計上することを認めた。

すると陸軍が、

「政友会の原敬がごり押しした選挙目当ての『地方開発予算』と、海軍の『軍艦建造予算』が計上され、『陸軍予算』だけ却下するのは陸軍を軽視したもの」

と反発し上原勇作陸相が単独で辞表を提出、第二次西園寺内閣は後継陸相を得られず、大正

元年十二月五日に倒れた。

その後、第三次桂内閣が成立するが、西園寺はこれを機に政界を去り、京都へ戻り、生家である別邸清風荘に引きこもった。

文麿の恋

一方、近衛文麿は学習院初等科を経て明治三十六年九月に学習院中等科へ進んだが、翌明治三十七年に父篤麿が四十一歳で死去し、文麿は十二歳で家督を継ぎ公爵になった。文麿はのちに、

「父の在世中は朝から晩まで色々な人が出入りし、私なども子供ながらチヤホヤされていたものだ。が、父がいなくなってからは、まるで火が消えた様になり、それだけならまだしも、いままで父に政治上の意味で世話を受けた人などが掌を返すように、金を返せといってきた。当時のことは、骨身に徹して忘れることはできない」

と述懐している。こういう孤独な近衛には、諦観ともいうべき虚無的な影がある。

文麿が明治四十二年三月に学習院中等科（同級生四十五人）を卒業したとき、多くの学友はそのまま高等科へ進んだが、成績順位七番だった文麿は級友八人とともに旧制第一高等学校（現

在の東大教養学部）の入学試験を受け合格、明治四十二年九月に第一高等学校へ進学した。文麿は学習院中等科で有力な長距離走の選手だったから、一高運動部は彼に入部を勧誘したが、文麿の保証人でもあった東大総長山川健次郎男爵が、

「五摂家の筆頭である近衛公爵を馬のように走らせるとは何事であるか」

と咎めたため、近衛の入部は立ち消えとなった。また一高では山本有三と後藤隆之助と同級となる。のちに山本は名作『路傍の石』を著し、後藤は近衛のブレーンとなる。

近衛の自邸は目白にあり、そこから一高へ通ったのだが、通学の途上でよく出会う女子学習院の制服を着た女学生を見初めた。やがて、この女学生は毛利千代子といい、豊後佐伯二万石の藩主（長州の毛利とは無関係）で子爵の毛利高範（たかのり）の次女であることがわかった。

文麿は千代子との結婚を思い詰めたが、文麿は公爵で、千代子は子爵家の娘である。我々庶民から見れば公爵も子爵も身分の高い同じ貴族だが、貴族同士の間ではこの身分の差が障害となるらしく、縁談は進展しなかった。

だが文麿の千代子への思いは強く、一高在学中の明治四十四年一月、

「結婚できないなら自分は公爵を返上する」

とゴネた。

文麿は生まれながらにして五摂家の筆頭という地位を得たが、父が死ぬと借金取りの苛斂誅

求に苦しみ、いままた、高すぎる身分のため思いどおりの結婚もできない、これが文麿の不満だった。

文麿は明治四十五年七月に一高を卒業し、大正元年九月に東京帝大哲学科へ進んだ。ところが文麿は哲学に飽き足らずわずか一カ月後の十月、左翼学者で『貧乏物語』の著者でもある河上肇や、『禅の研究』を著した哲学者西田幾太郎、人権問題に取り組んだ社会学者米田庄太郎らに学ぶべく、京都帝大法科へ転学した。この頃文麿が社会主義に傾倒した背景には、貧しい底辺の人々への同情心があったようだ。弟の秀麿は、

「自分は兄から『社会主義談義』をよく聞かされた。自分が小学校四年ぐらい、兄がまだ中学生の頃、ある晩の夕食のあと、兄は今日も我々は満腹したが、世の中には同じ人間に生まれながら全く食べられない人がたくさんいる、これをどう思うか、と尋ねた。そこで私は兄と相談した結果、菓子を買って、近所の貧しそうな家を探して持って行ったことがある」

と述べている。

西園寺と会う

大正元年（一九一二年）十月五日、文麿は千代子との結婚を許された。これには、
「京都は誘惑が多く、とりわけ文麿は誘惑に陥りやすい。これを避けるため文麿の希望どおり身を固めさせた方がよい」
という母貞子の意向があったらしい。その意味で文麿の京都帝大への転学は、千代子との結婚を実現する実力行使だったのかもしれない。文麿の生涯はおおむね優柔不断の連続であるが、文麿が珍しく自己主張して初志貫徹したのが千代子との結婚だったのである。

千代子と結婚した文麿は、近衛家と縁の深い宗忠神社近くに一軒家を借りて、住んだ。

前にも触れたように西園寺公望は二個師団増設問題で内閣総辞職すると大正二年に京都へ戻り、別邸清風荘で晴耕雨読の日々を送っていた。清風荘は京都帝大と隣接していたので、大正二年春、京大生の文麿は学生服姿で清風荘を訪れ西園寺と面会した。近衛家も西園寺家も上級公卿であるが、二人が顔を合わせたのはこれが初めてだった。

近衛はこう述べている。

「私はその頃まで政治に何等の関心もなく、むしろ反発さえもっていた位だったが、此の憲政擁護運動を毎日、新聞で見て居る間に、多少政治に興味を感じ出した。或る日フト西園寺さん

と言ふ人に会って見たくなって、紹介状も持たずに清風荘を訪れた」（『清談録』）

近衛の回想によると、清風荘の入口には「清風荘　羅振玉題」と書かれた扁額がかかってい
た（羅振玉は清国の書家）。案内を乞うと二十歳ばかりの美しい女性（花子）が出てきてすぐに
客間に通された。西園寺は羽織を着て、日当たりのいい縁側で小鳥の世話をしていて、鳥かご
の餌や水を取り替えていたところだった。

それが済むと急に改まって、

「これはこれは、近衛閣下、ようこそいらした」

と馬鹿丁寧な挨拶をして近衛を上座に据えた。

近衛は面くらって、どうしていいかわからなかった。たしかに家格からいえば近衛家の方が
上だが、何といっても西園寺は天皇の元老であり、自分は一介の学生である。何だかからかわ
れているようでもあり、試されているようでもあった。

しかも驚いたのは、西園寺が近衛の結婚の経緯をよく知っていることであった。

「毛利家にしても華族でっしゃろ。それで反対するのは、する方がどうかしてますなあ。わた
しなんぞ、若い時分に貧しい平民の身分の娘と結婚するところやったが、親の反対で駄目にな
ってしもうた。思ったことを実現するだけ、閣下の方が偉いッ」

おそらく近衛の同級の原田熊雄（のち西園寺の秘書）か誰かが来て洩らしたに違いない。近

衛は何だか小馬鹿にされたような気がして、むずむずしてきた。そこで挨拶もそこそこに、清風荘を辞去した。

このとき西園寺は六十三歳だった。西園寺は幕末の少年期に近衛の曽祖父忠熙から書道を習ったこともあったから近衛に親近感を抱き、学生の近衛を「閣下」と持ち上げ、歓待したのであろう。

近衛文麿は満二十五歳になった大正五年（一九一六年）十月、学生のまま貴族院議員になり、大正六年（一九一七）七月、京都帝大を卒業した（なお家庭では大正四年に長男文隆が生まれ、翌年には長女昭子が誕生）。

内務省に入る

大正三年（一九一四年）から始まった第一次世界大戦は一向に終結せず、ヨーロッパではほとんどすべての国々がこれに巻き込まれ、ますます凄惨の度を増した。フランスのヴェルダン要塞では独仏両軍が死闘を演じ、攻撃側のドイツ軍は五十万の人命を犠牲にしてもなお、要塞を落とせなかった。

ヨーロッパ各国では国民の動揺が激しくなってきて、ドイツでは反戦運動が起こり、イギリスでは民族主義者の暴動が発生し、英労働党の平和運動が勢いを得た。

大正六年（一九一七年）にはアメリカが火事場泥棒的にドイツに宣戦布告し、独仏戦争は名実ともに世界大戦となった。また中国では混乱のうちに清朝が倒れ、広東で中華民国が成立して孫文が臨時大総統に就いた。

さらに交戦国の軍需工場においてはストライキが起こり、フランス軍の前線では兵士が上官の命令を拒否するようになった。参戦したばかりのアメリカでも労働組合のリーダーら九十名がストライキ煽動の容疑で逮捕され、懲役刑がいい渡された。日本でも浅野造船所でストライキが起こった。

しかしこの年、最も世界を震撼させた歴史的事件は、何といってもロシアにおける共産革命である。首都サンクトペテルブルグで始まった「パンをよこせ」デモは瞬く間に全国に広がって二月革命となり、次いでレーニン一派が政権を掌握し、ロマノフ王朝は崩壊した。日本の新聞はレーニン一派をボルシェビキ（過激派）と呼んだ。

同じ年、近衛は東京に戻り、周りから勧められるままに内務省に入った。刻苦勉励して難関の高等文官試験に合格して入省した連中は高等官七等だが、近衛はいきなり勅任官であった。ここでも身分がものをいうので、近衛もさぞ面映ゆい思いであったろう。もっとも彼に、役人として出世を望む気持ちは毛頭なかった。

大正七年（一九一八年）になるとドイツの劣勢は誰の目にも明らかになる。同盟側のドイツ、オーストリア＝ハンガリーの皇帝は廃され、いずれの国も共和制になった。ロシア皇帝ニコライ二世及びその家族はいたいけな子供に至るまで全員虐殺された。

このようなヨーロッパの状況は近衛を刺激せずにはおかなかった。近衛にとって最大の関心事は当然のことながら、君主制の問題である。現にヨーロッパでは主権を人民の手に取り戻そうとする嵐が吹きまくっている。いつ何時、東洋の片隅に立つ小島にもそのうねりが押し寄せて来ないとも限らない。いずれにしても、自分にとって最も大事なことは、ヨーロッパを見ることだ。そこにはきっと日本の未来の姿があるはずだ。近衛はそう思った。

英米本位の平和主義を排す

第一次世界大戦はイギリス、フランス、帝政ロシア、日本、アメリカなど連合国VSドイツ、オーストリアなど同盟国による足かけ五年に及ぶ大戦となり、連合国の勝利となって大正七年（一九一八年）十一月に終結した。

近衛文麿はその翌月、雑誌『日本及日本人』に論文「英米本位の平和主義を排す」を発表し、ここで、

「第一次世界大戦は、資源・植民地を持てる国で現状維持を便利とするイギリス、アメリカ、フランスなど連合国と、資源・植民地を持たざる国で現状破壊を便利とするドイツ、オーストリアなど同盟国の武力衝突である。持てる国の英米が唱える平和主義とは、現状維持を便利とする事なかれ主義に過ぎず、人道・正義とは関係ない笑止なことである。日本人が英米本位の平和主義にかぶれ、これを天からの福音であるかのように渇仰するのは残念なことである」

と述べている。しかしこの論文は、大学を卒業したばかりで社会経験の乏しい華族の御曹司が、社会人としてのスタートにあたって机上の勉強の総決算として書いた書生論に過ぎない。近衛はその後、社会に揉まれて成長する。みんな、そうして大きくなるのだ。

ちょうど近衛がこの論文を書いた頃、新聞は、第一次世界大戦の戦後処理を話し合うため翌年パリで開かれる予定の講和会議に、日本の首席全権として西園寺公望が列席することが決まった旨を報じた。これこそ絶好の機会だ、内務省は辞めてもいい、このチャンスを逃してはならぬ、と近衛は考えた。たしかに大学時代のあまり良くない印象が残っている西園寺だが、大急ぎで清風荘を訪問して随員の一人に加えてくれるよう願い出ることに決めた。

人種差別撤廃案

大正八年（一九一九年）一月十八日からパリで講和会議が開かれることになった。近衛は、パリ講和会議に全権として列席する西園寺に従い同年一月十四日に神戸を発った（次席全権の牧野伸顕一行は前年の十二月十日に先発）。近衛が晴れの舞台に登場できたのは、政界に絶大な力を持つ西園寺が近衛の願いを聞き入れ、使節団に押し込んでくれたからである。派遣団の壮行会が催されたとき、近衛文麿二十七歳は山県有朋八十歳と同席している。

西園寺全権一行、中央の高身長が近衛、
一人おいて左隣が西園寺、その隣は花子

西園寺は、国際社会に既得権を持つ勝者、米英仏との協調を最も重要視する国際主義に立つ現実主義者であった。西園寺は近衛に、「米英仏との協調を重視する道を選択するよう」指導していく。近衛は西園寺の指導を受けて成長してゆくのだ。

パリで講和会議を見聞した近衛はその「所感」を、次のようにまとめている。

「国際政治は正義でなく、力によって動いており、英米など大国は横暴である。外交は、これまでの秘密外交から公開外交へ転換しており、プロパガンダが重要な時代になってきた。しかしわが日本は、この面で完全に遅れている」

また近衛はパリ講和会議終了後、アメリカに立ち寄り、そのときの体験を『戦後欧米見聞録』（大正九年）として著した。

「アメリカ人気質は、快活にして天馬空を馳せるが如きで、アメリカ社会は活気躍動している。時間利用の機能性、迅速性、改良工夫の進歩性、組織性、系統性、男女同権など日本人は、アメリカから学ぶべき点が多い」

アメリカの新鮮な空気に触れた近衛は、「英米本位の平和主義を排す」といった偏狭な世界観からやっと抜け出たのである。

ちなみに戦勝国となった日本は講和会議の結果、ドイツが持っていた中国山東省の権益と南太平洋上のパラオ・サイパンなど六百余の島々を獲得することになった。それにもかかわらず会議では西園寺らはひと言も発言せず、日本全権団は英仏のマスコミから「サイレント・パートナー」と揶揄された。だが終盤になって近衛と、牧野の随員だった吉田茂らが中心になって「人種差別撤廃案」を提出し、注目を浴びた（黒人問題を抱えるアメリカなどの反対により否決）。

第二章　ワシントン体制と「憲政の常道」

ワシントン会議

　第一次世界大戦後、アメリカの提唱で国際連盟が設立され、日米英仏伊の五大国が常任理事国に予定されたが、肝心のアメリカは議会多数派のモンロー主義者の反対により国際連盟に参加できなかった。そこでアメリカは大正十年（一九二一年）七月、海軍軍縮と太平洋問題を討議し、アメリカにとって目の上のたんこぶであった日英同盟を解消させるため、国際会議を開くことを提議、日米英仏伊の五大国と中国及びアジアに利害関係を有するベルギー・オランダ・ポルトガルの計九カ国による会議が、ワシントンで開催されることとなった。政友会の原敬内閣が発足して四年目のことである。

　ところが原首相は同年十一月四日に東京駅で駅員の中岡艮一に暗殺され、十一月五日に内閣総辞職となった。混乱を避けるため原内閣の蔵相高橋是清が蔵相を兼任したまま全閣僚を引き継いで、十一月十三日に内閣を発足させた。

　ワシントン会議は内閣交代のさなかの大正十年十一月十二日に開かれ、アメリカ全権ヒューズ国務長官が「米・英・日の海軍比率を十・十・六とする海軍軍縮案」を提議すると、イギリス全権バルフォア枢密院議長が「海軍比率の英米均等を受諾する」と述べ、日本全権加藤友三郎海相も対米英六割（海軍は七割を要求していた）を受諾した。

外交については、日米英にフランスを加えた四カ国で大正十年十二月十三日に太平洋の島々の領土保全と安全保障を約した「四カ国条約」が成立する。

中国問題については大正十一年（一九二二年）二月六日に中国の主権・独立を尊重し門戸開放・機会均等の原則を守るとするアメリカの主張に基づき「九カ国条約」が結ばれ、日本はドイツから獲得した山東省における膠州湾租借権や鉄道管理権などの権益を返還させられる。

こうしてアメリカはワシントン会議を通じてアメリカに有利な国際的枠組みを確立したのである（ただし共産ソ連はワシントン体制の枠外であり、軍事侵略行動を思う存分に行なうことができた）。

なお高橋是清首相は膨張した財政を健全化するため緊縮財政を行なおうとしたが、積極財政を要求する閣僚との対立が激化し、大正十一年六月六日に退陣する。

憲政擁護運動と宇垣軍縮

藩閥の象徴、元老山県有朋がワシントン会議中の大正十一年二月一日に死去すると暗雲が晴れたかのように、日本国内ではワシントン体制という国際協調主義に基づく平和・軍縮を指向した「大正デモクラシー」と呼ばれる議会政治が開花する。

高橋是清首相が退いたのち、ワシントン会議で海相として海軍軍縮を受諾した加藤友三郎が大正十一年（一九二二年）六月十二日に組閣、海軍はワシントン会議の決定に従い主力艦十四隻の廃棄など海軍軍縮を断行し、陸軍も山梨半造陸相が「山梨軍縮」を行なって兵員五万六千人を減じた。

ところが加藤首相が大正十二年八月二十四日に急死、さらに追い打ちをかけるようにその六日後の九月一日、関東大震災が発生した。

震災翌日の九月二日、混乱を鎮めるべく薩摩閥の山本権兵衛海軍大将が内閣を組織したが治安維持に失敗し、わずか四カ月で退陣。このあと警察官僚出身の枢密院議長清浦奎吾が大正十三年一月七日に組閣し、治安上の混乱をなんとか沈静化させた。

だが政党に立脚しない清浦内閣に政友会・憲政会・革新倶楽部の三派が反発し、普通選挙断行・貴族院改革・行政整理を要求して「憲政擁護運動」を展開した。これに対して清浦内閣は同年五月十日に総選挙を断行したが、護憲三派が絶対多数の二百八十一議席を獲得、清浦内閣は六月七日に在任五カ月で総辞職に追い込まれた。

清浦内閣が倒れると、元老西園寺公望の奏薦によって、議会第一党の憲政会総裁加藤高明に大命が降る。このときからいわゆる「憲政の常道」がスタートする。「憲政の常道」とは、「二大政党制下で衆議院第一党の党首が組閣する。内閣が失政により総辞職したときは野党に政権交代する。ただし首相の死亡等による総辞職の場合は、与党から後継首相を出す」とするもので、内閣は失政をしたら責任を取って野党に下るシステムである。

加藤は対外的にはワシントン体制を重視して国際協調路線を採るとともに、日ソ国交回復を成し遂げ、国内的には普通選挙法を成立させ、さらに陸相として入閣した宇垣一成がワシントン体制の精神に従い、「宇垣軍縮」と呼ばれる空前絶後の陸軍軍縮を断行する。

宇垣は、高田第十三師団、豊橋第十五師団、岡山第十七師団、久留米第十八師団の四個師団を廃止して兵員三万四千人・馬匹六千頭を削減し、浮いた費用六千万円で飛行機・戦車・高射砲・自動車など装備近代化を果たし、歩兵約六千人を陸軍飛行隊などへ転属させたのである。宇垣は「宇垣派」と呼ばれる陸軍の主流派の領袖で、中国・英米との協調を堅持し、大正デモクラシーを容認し、政党政治を尊重して軍縮を通じて装備近代化を図り、軍事予算の抑制に努めた。彼の配下には南次郎、金谷範三、小磯国昭、阿部信行らがいた。

宇垣一成

なお政友会は大正十四年四月に陸軍大将田中義一を総裁に迎え、五月に革新倶楽部を吸収して議会第二党となり、七月には政権から去って野党に転じる。このため加藤高明内閣は八月二日以降、憲政会単独の内閣となった。

こののち、憲政会と政友会の二大政党による「憲政の常道」が定着し、犬養毅内閣が五・一五事件の凶弾に倒れるまで続くのである。

若槻内閣から田中内閣へ

ところが首相加藤高明が議会内で倒れ、急逝する。そこで「憲政の常道」に基づき、加藤内閣の内相だった若槻礼次郎が大正十五年一月三十日に憲政会を基盤として、第一次若槻内閣を組織した。

若槻は関東大震災の後遺症による不況対策に取り組んだが、功を奏さなかった。

しかも昭和二年（一九二七年）四月四日、日本統治下の台湾で活発に商いを行ない、三井物産・三菱商事とともに三大商社の一つに数えられていた鈴木商店が昭和金融恐慌のあおりを受け倒産する。このため鈴木商店に巨額の融資を行なっていた台湾銀行が破綻の危機に瀕し、台湾銀行に巨額の融資を行なっていた日銀の経営も揺らぎ始めた。

一刻の猶予もならない事態だったが議会は閉会中だったため、若槻内閣は四月十四日、台湾銀行を救済すべく「緊急勅令」の発布を枢密院に要請した。しかし枢密顧問官伊東巳代治が四月十七日の枢密院の会議で緊急勅令発布を却下したうえ、内閣総辞職を要求したので、若槻は辞表を上呈せざるを得なくなった。

すると台湾銀行、泉陽銀行、十五銀行などが次々に破綻し、金融恐慌がますます広がった。不況の皺寄せは低所得者など社会的弱者に波及し、昭和初期の世相に暗い影を落として共産主義・無政府主義など赤化思想が蔓延、一方、反共ファシズムとも軍国主義ともいわれる強い国粋思想が生まれ、左右の思想対立が激化していく。

憲政会の第一次若槻内閣が倒れると「憲政の常道」に基づき、政友会総裁田中義一が四月二十日に組閣、蔵相高橋是清が組閣二日後の四月二十二日に銀行に対する「三週間の支払猶予令」を実施し、日本銀行総裁井上準之助が巨額の救済融資を行なって、なんとか景気を立て直した（憲政会は昭和二年六月一日、民政党と改称）。

なお田中義一内閣は昭和三年三月十五日に行なった日本共産党幹部の大量検挙（三・一五事件）を皮切りに、六月二十九日に治安維持法に死刑を追加、七月三日に特別高等警察（特高制度）を拡充するなどして治安の強化を進め、赤化思想による社会的混乱の沈静化を図った。

このように田中義一内閣は金融恐慌への対処、景気対策、治安対策など、内政上の諸懸案に追われ、外交とりわけ複雑化した中国問題に関わる余裕はまったくなかった。

張作霖爆殺事件

その頃中国では、北京を支配する張作霖に対して蔣介石が北伐を仕掛けて内戦となり、さらに混迷の度を深めていた。蔣介石軍が北上して張作霖軍との決戦が近づくと、蔣軍が張軍を追って日本が権益を有する満州へ侵入することが懸念された。そこで田中首相は、「張作霖を事前に満州へ引き揚げさせ、蔣介石軍の満州侵入を防ぐべき」と判断し、芳沢謙吉中華民国公使（のち外相）を通じて、張作霖に満州への帰還を勧告した。蔣軍に各地で敗れていた張軍は田中の勧告を受け入れて五月二十三日、いったん満州へ引き揚げた。

田中首相はかつて、馬賊だった張作霖を助命したことから、張を日本に忠実な傀儡（かいらい）にするため、多額の武器・資金援助を行なっていた。だが張は田中を、「間抜けでお人好しな便利な金蔓」としてしか見ていなかった。

このことに最初に気付いたのが関東軍の幕僚たちである。彼らは張作霖を、「日本から多大な武器・資金の援助を受けながら日本に背く裏切者」と見て六月四日、鉄道列車を爆破して張を殺害してしまう。いわゆる張作霖爆殺事件である。現地では事件直後から「首謀者は関東軍の河本大作大佐」とささやかれていた。このため陸軍省と参謀本部は河本大佐を東京へ呼び、六月二十六日から尋問を行なったが、河本大佐は「事件実行者は中国側であり、自分は一切関与していない」と抗弁した。

この発言に疑問を抱いた田中首相が憲兵司令官峯幸松少将を満州へ派遣し、外務省・陸軍省・関東庁による張作霖爆死事件特別委員会を設置して調査すると、「実行者は河本大佐」との結論を得た。

そこで田中首相は十二月二十四日、昭和天皇に対し、

「事件は河本大佐の発意によって行なわれたようです。事実なら、厳然たる処分を行ないます」

と奏上した。

「田中の言うことはさっぱりわからん」

ところが陸軍は、軍法会議による河本大佐の処罰に強く反対した。軍法刑法は、

一、下士官・兵の上官侮辱・命令不服従・脱走・敵前逃亡など利敵行為の処罰。
二、下士官・兵による賭博・強姦・軍備品窃盗など破廉恥・不正行為の処罰。

を想定し、「諜報活動による敵性人物の殺害」は想定外で根拠法がなかったからである。しかも河本大佐の事件関与を示す確定的証拠もなかった。噂話のみで罰すれば冤罪となりかねない。河本大佐の処罰は軍法会議に馴染まなかったのだ。

このため田中首相は六月二十七日、参内して昭和天皇に、次のように言上するしかなかった。

「張作霖事件につき、いろいろ取り調べましたが、日本陸軍には犯人がいないことが判明しました。警備責任者の手落ちがあった事実につきましては、それらを追って処分いたします」

これに対して昭和天皇は、

「責任を明確に取るにあらざれば、許しがたし」

と叱責し、河本大佐を軍法会議に付託するよう求めた。このとき田中は「聖旨に沿うようにいたします」と生返事をしてしまう。

一方、陸相白川義則はこれまでの数度にわたる上奏で、「陛下は政府による最終決着を了解されておられる」と軽く考えていたので、翌六月二十八日午前十一時、参内して昭和天皇に、

「事件は関東軍の警備上の手落ちなので、関東軍司令官村岡長太郎中将を予備役編入、高級参謀河本大作大佐を停職とする、との行政処分を行ないます」

との内奏文を読み上げた。すると昭和天皇は顔色を変え、

「かつて総理が上奏したものと違うではないか。それで軍紀は維持できるのかッ」

と大声で叱りつけた。

怒りが収まらない天皇はさらに侍従長鈴木貫太郎を自室に呼び、

「総理の言うことはさっぱりわからぬ」

と興奮した口調で不満をぶつけた。

そこで鈴木貫太郎が同日午後一時半に田中首相を招いて昭和天皇の不興を伝えた。驚愕した田中が、

「内閣には軍に軍法会議を開催させる権限がないので、行政処分を行なうのが精一杯である」

と説明して改めて拝謁の取り次ぎを要請したが、鈴木は、

「もはや本件の事ならお聴きになりますまい」

といって拒否した。


田中が首相官邸に戻り、閣議に経緯を報告すると、閣僚らは河本大佐の行政処分を妥当とし、

「再度、参内して上奏すべし」

と田中を励ました。しかし田中は首を横に振り、

「オラ（田中の口癖）は陛下のご信任を失った……」

と呟き、内閣を投げ出してしまった。

こうして辞任した田中義一はわずか二カ月後に死去する。死因は狭心症の発作とも、自殺ともいわれる。

戦後昭和天皇は、

「私は田中に対し、辞表を出してはどうかと強い語気で云った。こんな云ひ方をしたのは、私の若気の至りであるといまは考へているが、とにかくそういふ云い方をした」(『昭和天皇独白録』)

と宣べている。

ちなみに、田中に同情した逓信大臣久原房之助が、

「これは内大臣牧野伸顕と侍従長鈴木貫太郎ら宮中に巣食う君側の奸の陰謀だ」

と暴露したのだが、これがのちの二・二六事件で、二人が狙われるきっかけになったという。

牧野伸顕の天皇親政論

そもそも元老とは議会制度を補完する存在で、議会制度が軌道に乗れば消えゆく運命だった。やがて議会制度が幾多の混乱と危機を乗り越えて定着し、二大政党による「憲政の常道」というシステムが軌道に乗ると、元老の出番は次第に遠のくようになる。

すでに元老黒田清隆は明治三十三年に、西郷従道は明治三十五年に、伊藤博文は明治四十二年に、井上馨は大正四年に、大山巌は大正五年に、山県有朋は大正十一年に、松方正義は大正十三年に死去し、昭和期に入ると、西園寺公望が最後で唯一の元老となった。一人残った元老西園寺公望の仕事は、「憲政の常道」を後見することだけだった。

ところが内大臣の牧野伸顕が、西園寺公望と敵対するようになる。

牧野伸顕は大久保利通の次男で、生後間もなく遠縁の牧野家へ養子に出された。大正十四年三月三十日に内大臣になると、父大久保利通が行なった「有司専制」の復活を目指すようになる。牧野は、大正天皇の皇太子だった裕仁摂政宮に対して明治天皇の政治を理想とするよう勧説し、

「明治天皇が父大久保利通を重用したように、裕仁摂政宮が側近を重用して『天皇親政』を行なえば、裕仁摂政宮は明治天皇と並ぶ賢帝になれる」

と吹き込んだ。この「摂政輔導」は大いに成果を挙げ、昭和天皇は即位直後から「統治権の総攬者」としての意識を強め、政治に積極的に関与するようになる。

さらに天皇親政を目指す牧野は鈴木貫太郎、木戸幸一ら「牧野グループ」と呼ばれる側近集団を形成して絶大なる権勢を誇り、元老西園寺公望と並んで後継首相の奏薦にも参画するようになった。

牧野は西園寺に対抗するため、元老の補充を目論み、海軍の長老山本権兵衛と枢密院議長清浦奎吾を新たな元老に加えようとした。

しかし、西園寺はこれを断固はねのける。本来元老とは、政党政治を後見するものであって、政党政治を抑圧する存在ではなかったからである。

暗殺された浜口雄幸首相

政友会の田中義一のあとを承けた民政党の浜口雄幸（おさち）は、内閣の最優先課題として海軍軍縮問題に取り組んだ。

イギリスの提唱で昭和五年（一九三〇年）一月二十一日から日米英仏伊五カ国（仏伊は途中脱退）によるロンドン海軍軍縮会議が開催され、同年三月、前回のワシントン海軍軍縮条約（戦艦などの制限）で対象外とされた巡洋艦・駆逐艦・潜水艦などの制限について協議されることになった。

当時日本海軍は、将来の日米決戦は、日露戦争の経験からフィリピン近海での艦隊決戦になると予想していた。従って連合艦隊は太平洋を長駆横断してくる米太平洋艦隊を航空機と潜水艦で先制攻撃し、三割を沈没させたうえで、建造を計画していた「大和」「武蔵」などの主力艦で米艦隊を全滅させる戦略であった。このため、日本全権団は対米七割を主張し、アメリカは対米六割を主張して、互いに譲らず、激論となった。一方、イギリスは日本に対して強硬な姿勢を取るつもりはなく、むしろ日本に友好的態度を示し、アメリカに対して意見調整が試みられた。その結果、条約はアメリカ十割、イギリス十割、日本六割九分七厘五毛で決着が図られることとなった。

この条約について海軍では海相財部彪大将・軍事参議官岡田啓介大将・海軍次官山梨勝之進中将・軍務局長堀悌吉少将らが賛成し、対米七割を主張する海軍軍令部長加藤寛治大将・軍令部次長末次信正中将らが反対したが、海軍はさまざまな曲折を経て、両者が合同会議を開催し、その席で、ロンドン海軍軍縮条約への同意が決定された。

そこで浜口首相は四月二十二日、ロンドン海軍軍縮条約に、正式に調印した。

すると第五十八議会で野党となった政友会がこの条約を政争に利用すべく猛反対し、政友会総務鳩山一郎が、

「浜口内閣が海軍軍縮条約を調印したことは、天皇の大権である統帥権を干犯するものである」

と浜口内閣を激しく攻め立てたが、それでも浜口内閣は議会をなんとか乗り切った。

次の難関は枢密顧問官伊東巳代治が君臨する枢密院だったが、世論も新聞も西園寺も浜口首相を支持したので、海軍軍縮案は十月一日に枢密院を通過し、批准された。

だが浜口首相は十一月十四日、右翼の佐郷屋留雄に銃撃されて重傷を負う（翌年の八月二十六日に死去）。浜口を暗殺した佐郷屋は取り押さえられた際警官に、「浜口は統帥権を干犯した。だから殺った、なにが悪いッ」と叫んだが、警官の「統帥権とは何か、いってみろ」との問いには答えられなかったという。

第三章　共産ソ連の防波堤

近衛文麿と皇道派

この頃、近衛文麿が親しく交わったのが陸軍皇道派の領袖、荒木貞夫である。

皇道派とは日露戦争以来の伝統派閥で、荒木はつねづね近衛に、

「戦争は、わが国の国防上やむを得ざる場合に、わが国一国のみで戦って勝てる戦争以外は断じて行なってはならない。ソ連のみを仮想敵国とし、中国・英米とは絶対に戦争をしない。これならいまの軍装備で充分である。勝てない戦争は絶対にしてはならない。勝てる見込みがないなら臥薪嘗胆して耐えるしかない」

と力説していた。

第一次世界大戦が始まり、帝政ロシアが英米仏連合国陣営に参加して日本の同盟国となると、荒木貞夫はロシアに観戦武官として派遣され、ロシア軍兵士と寝食をともにした。

あるとき荒木が従軍していたロシア軍部隊がドイツ軍に攻め立てられて退却に退却を重ね、とうとう河岸に追い詰められてしまった。河には細い橋が一本架かっていたのでロシア兵は我先にと向こう岸へ逃げ始めた。これを見た荒木は司令官に向かって、

「あの細い橋を破壊して退路を断ち、背水の陣を敷いて、乾坤一擲、反撃に出るべしッ」

と叫んだ。荒木の進言はまさに名将のそれに値する。ところが司令官は首を横に振り、荒木

に叫び返した。

「橋を破壊して退路を断ったらロシア兵は全員ドイツ軍に向かって前進していくだろう。銃を捨て、両手を上げながらね。私はその責任を問われ、皇帝陛下から銃殺刑に処されるのだよ」

これが革命前の帝政ロシア軍の実態だった。荒木はあっけに取られたが、司令官は将兵の心理を冷静に把握していたのだ。

ちなみに荒木は、石原莞爾とは犬猿の仲であった。二・二六事件の際、陸軍省で荒木大将と鉢合わせした石原大佐は荒木に向かっていきなり、

「馬鹿ッ、お前みたいな馬鹿大将がいるからこんなことになるんだ！」

と罵倒した。荒木は、

「何を無礼な！　上官に向かって馬鹿とは、許せん。軍法会議にかけてやる！」

といい返し、二人はあわや殴り合いになりかけたという（『岡田啓介回顧録』）。

満州事変

満州の治安は、ソ連（旧ロシア）が第一次五カ年計画を達成する一年前の昭和六年（一九三一年）頃から、極度に悪化していく。

石原莞爾

このため関東軍は満州での共産主義の広がりに危機感を抱き、ソ連が共産勢力を扶植したうえで満州全域へ軍事侵攻する事態を懸念し、モンゴル人民共和国を先鋒とするソ連軍の南侵に備えようとした。共産主義の防波堤として満州に新国家を建て、満州人民の福利を向上させて貧困を克服し、共産主義の浸透を防ごうとしたのだ。

また満州は、ソ連型国家のモンゴル人民共和国に対して日本の経済的魅力を誇示するショーウインドーでもあった。だから日本政府は膨大な国費を投入して満州の発展に尽力したのである。

満州事変の立役者は、いわずと知れた石原莞爾である。

石原は満州組の一員であった。満州組とは対ソ戦を主眼としたグループで、中国との絶対不戦を堅持し、「一国国防主義」に立っていた。構成員は石原莞爾、板垣征四郎、多田駿(はやお)などで、彼らは大正デモクラシーに背を向け、政党政治を嫌悪していた。

昭和六年九月十八日夜十時半頃、関東軍は奉天郊外の柳条湖で満鉄線路を爆破(柳条湖事件)、続いて十一時頃、奉天駐屯第二十九連隊の営庭に極秘裏に据え付けていた二十四センチ榴弾砲が敵陣を砲撃、同時に今田新太郎大尉らが白刃を振りかざして斬り込むと、張学良軍は総崩れとなった。これまで満州を支配していた張学良の軍隊は二十万とも三十万人ともいわれる大軍で、飛行機・戦車など近代的装備を誇っていたが、わずか一万弱の関東軍に一気に蹴散らされたのである。関東軍は奉天に続き遼陽、長春など主要都市を占領し、九月二十一日、吉林を陥落させた。

国際協調主義の第二次若槻礼次郎内閣にとって、内閣発足五カ月後に勃発したこの「満州事変」は青天の霹靂（へきれき）だった。若槻は直ちに緊急閣議を開き、外相幣原喜重郎が、

「事件は関東軍の計画的行動である」

と断じて陸相南次郎を追及し、事件の不拡大を約束させた。九月十九日夕方、陸相南次郎と参謀総長金谷範三が関東軍の暴走を抑えるべく関東軍司令部に不拡大命令を訓電、さらに若槻は同月二十四日、事件の不拡大を内外に声明し、事件の鎮静化を図った。

しかしそれらを無視した関東軍が圧倒的な強さで満州を制圧していくと、反張学良派の満州人有力者たちが満州各地で蒋介石政府からの独立を目指すようになる。九月二十四日には袁金鎧（えんきんがい）を委員長とする奉天地方自治維持会が、二十六日には熙洽（きこう）を主席とする吉林省臨時政府が、二十七日にはハルビンで張景恵による東三省特別区治安維持委員会が設立され、それぞれ独立を

宣言したのだ。

かかるなか外相幣原が参謀総長金谷に、

「戦線を奉天で止めるよう」

要請し、金谷は了解して抑制命令を下令したが、この抑制命令が関東軍司令部に届く前日の十月八日、不拡大方針をあざ笑うかのように石原莞爾が爆撃機に乗り込んで、張学良軍の残党が蝟集(いしゅう)する錦州へ爆撃を行なう。こののち関東軍が十一月十九日にチチハル（黒竜江省の省都）を占領すると既成事実が積み上がってしまい、独立の機運が燎原の火の如く広がった。

これにより内外に不拡大方針を声明した若槻内閣は進退窮まり、昭和六年十二月十一日に総辞職する。

満州国の誕生

第二次若槻内閣（民政党）が総辞職すると「憲政の常道」に基づき、政友会の犬養毅内閣が昭和六年十二月十三日に発足した。犬養は政党内閣の立場から、満州事変のこれ以上の拡大を抑制すべく収拾に努めた。

当時陸軍では、陸相荒木貞夫、参謀次長真崎甚三郎、参謀本部第三部長小畑敏四郎らが属する皇道派が最大勢力だった。前にも触れたが皇道派はソ連のみを仮想敵国として中国・英米とは不戦を堅持する一国国防主義に立っていたから、満州建国については消極的だった。

犬養は満州事変の早期収束を目指し、皇道派の軍人たちもこれに協力した。特に皇道派の真崎甚三郎は永田鉄山らの統制派と石原莞爾らの満州組に厳しい目を向け、

「満州事変は、国家革新の熱病に浮かれた永田鉄山ら統制派と石原莞爾ら満州組が結託して満州に傀儡国家を建設し、それを日本へ及ぼして日本国内を改造するために引き起こした謀略である」

と批判して満州事変の収拾にあたった。

しかし関東軍は犬養内閣が発足した直後のどさくさに紛れて昭和六年十二月二十八日に錦州へ地上進攻し、年が明けた昭和七年（一九三二年）一月三日に占領する。するとその直後、黒竜江省で張海鵬が辺境保安総司令を自称して蒋介石政府に反旗を翻し、独立を宣言した。

そのさなか、昭和天皇は関東軍に賞詞を下す。

「満州において事変の勃発するや、自衛の必要上、関東軍の将兵は、果断神速、寡よく衆を制し速やかに芟討（さんとう）せり……皇軍の威武を中外に宣揚せり。朕、深くその忠烈を嘉す。なんじら将兵、ますます堅忍自重して、もって東洋平和の基礎を確立し、朕が信倚（しんい）に対（こた）えんことを期せよ」

これに勢いを得た関東軍が二月五日にハルビンを占領すると、張景恵が委員長を務める東北

行政委員会が三月一日に「満州国建国宣言」を行なって、清朝最後の皇帝溥儀を執政に迎え、満州国ができ上がってしまうのである。

第四章　憲政の常道の終焉

犬養毅の苦悩

首相の犬養毅は満州国建国宣言が行なわれたのちも国際的理解が得られないことに苦悩し、政治生命をかけて満州国不承認の姿勢を貫き、三月十二日、昭和天皇に拝謁して、

「内閣としては満州国を承認いたしませぬ」

と奏上した。

だが、犬養は非力だった。

もともと政友会総裁犬養毅は少数政党だった国民党の出身で、田中義一総裁が急死したため急遽総裁に担ぎ上げられた外様で、政友会内部に確固たる基盤を持っていなかった。すなわち犬養に政局を切り回す力はなかったのである。

一方、宮中では内大臣牧野伸顕が、「政党政治を廃止し、天皇親政へ移行する」準備を着々と進めていた。

牧野は私権を弄し、昭和天皇への御進講に際しては「選挙の実状、無記名の弊」「選挙の結果、棄権率の増進」「議会政治否認の傾向及びその原因」など、政党政治の欠陥をあげつらうテーマをあえて選んでいたという。

内大臣秘書官長の木戸幸一はそんな宮中の空気を察知して、五・一五事件一カ月前の昭和七

年四月四日、

「（犬養内閣が倒れたら）斎藤実のもとで、挙国一致内閣を作ることになる」（『木戸日記』）

と記した。また昭和天皇も同月十四日に、

「政党政治はもはや駄目だ」（前掲書）

と木戸に洩らしている。

このように昭和天皇及びその周辺においては、五・一五事件発生前に、

「不測の事態で犬養毅内閣が倒れたら政党政治は廃止させ、後継は海軍の斎藤実を指名する」

との意思統一が成立していたのだ。

五・一五事件は、こういう状況下で引き起こされるのである。

木戸幸一という男

昭和天皇から重用された木戸幸一は明治二十二年、侯爵木戸孝正の長男として生まれた。木戸孝正は木戸孝允（桂小五郎）の子でなく、女婿でもなく、遠縁に過ぎない。しかるに木戸幸一は、木戸孝允の直系の孫であるかのように振る舞った。

木戸は学習院高等科を経て京都帝国大学法学部を卒業し、大正四年に農商務省に入り、工務

局工務課長・同会計課長・臨時産業合理局第一部長兼第二部長などを歴任する。そののち同窓で貴族院議員の近衛文麿に取り入り、昭和五年、近衛の推薦で内大臣秘書官長に就任する。

木戸は親英米派でも国家主義者でもなく、いわば無思想人に近く、反面、権力欲が強い、自己保身に長けた独善的な人物だった。内大臣秘書官長となった彼は昭和天皇の君側にはべり、天皇の権威を利用して、絶大な権勢を誇るようになる。

なお、貴族院副議長に就いていた近衛は昭和七年四月二十八日、長男文隆をアメリカのニューヨーク郊外のローレンスヴィル高校へ留学させた。近衛は、

「文隆をイギリスでなくアメリカに留学させたのは、アメリカ人の友人を得て、日米の友好関係を見出すためである。それが、将来政治に携わる可能性の高い彼には有益なことだ」

と語っている。

近衛も若い頃は意気がって「英米本位の平和主義を排す」といった書生論を吐き、いっぱしのアジア主義者を気取っていたが、西園寺の薫陶宜しきを得て、すっかり親英米派に成長していたのである。

五・一五事件

海軍過激派は海軍軍縮を断行した浜口雄幸内閣（民政党）に反発し、政党政治を打倒して天皇親政による海軍増強を目指して浜口暗殺を策したが、右翼の佐郷屋留雄に先を越された。

そこで今度は犬養毅首相（政友会）を暗殺して海軍内閣を樹立し、ワシントン及びロンドン海軍軍縮条約を破棄して、対米十割海軍の建設を目論んだ。

昭和七年五月十五日の夕刻、三上卓海軍中尉・山岸宏海軍中尉・黒岩勇海軍予備少尉ら海軍将校四人が首相官邸に乱入した。この日は日曜日で、犬養は折から来日中の喜劇俳優チャップリンを宴会に招くため、終日官邸にいた。彼らはチャップリンも血祭りにあげるつもりだったという。

犬養は警官を射殺して踏み込んできた彼らに向かって、

「話せばわかる」

といって和室の客間に招じ入れた。だが山岸が突如、

「問答無用！　射て！　射て！」

と大声で叫んだため、黒岩が犬養の左頭部を銃撃、次いで三上が右頭部を射って、犬養に致命傷を負わせた。

犬養はしばらく息があったが、深夜になって、息絶えた。

事件が報道されると、腐敗した政党に反感を高めていた国民の間から、将校らに同情し、暗

殺を賞賛する声が盛り上がり、彼らを赤穂浪士になぞらえる芝居が上演されたり、彼らを讃えるレコードが各社から発売されるなど、将校らを英雄的に扱う動きが社会現象となった。

なおチャップリンは官邸に向かう途中、不穏な空気を察知した運転手の機転で予定をキャンセル、九死に一生を得ている。

牧野伸顕の後継者、木戸幸一

実は五・一五事件当日の朝、首謀者三上卓中尉は市内各所で「日本国民に檄す」と題した檄文を散布していた。檄文には、

「君側の奸を屠れ！」

「政党と財閥を殺せ！」

「官憲を膺懲せよ！」

「奸賊・特権階級を抹殺せよ！」


などと書かれていた。

これを読んだ木戸幸一はこの檄文に共鳴し、事件翌日、内大臣牧野伸顕に、

「五・一五事件は三上卓中尉らが政党の堕落と財閥の横暴を憤慨したものである。従って後継

首相は政党人を外し、軍部から信頼される人物を選んで政党を監視させるべきである。そうすれば、（軍部の不満が沈静化して）軍部の政治介入の激化を防げるとともに、政党人に反省を促すことができる。後継首相は、海軍の長老斎藤実が最適である」

と進言した。

一方、近衛文麿は元老西園寺公望を訪ねて、

「折角、確立された憲政の常道を軍部のテロで葬り去ることに反対する。海軍大将斎藤実のような第三者による内閣は無責任内閣になりがちで、軍部を甘やかすことになり百害あって益なし。仮に将来、政党内閣と軍部が衝突するなど混乱があるにしても、閣下は覚悟を持って憲政の常道を守り、政友会に組閣させるべし」

と説いた。上級公卿の近衛は、昭和天皇が内大臣秘書官長木戸幸一ら新興勢力の口車に乗って政治への関与を強めることを、深く憂慮したのだ。

これに対してフランスで青年時代を送った西園寺は、ルイ王朝がフランス革命で倒れた原因を熟知しており、

「天皇制を維持するには、陛下が一切の政治関与を避けるのはもちろんのこと、政治は政党に委ねるべきである」

と返した。

西園寺は伊藤博文の後継者として政友会第二代総裁になるなど政党への理解が深く、持ち前の指導力で大正デモクラシーを開花させ、「憲政の常道」を確立させた。西園寺には自分が政党政治を推進したという自負があったのである。

しかしながら西園寺はすでに八十二歳、昭和天皇三十一歳は、次第に西園寺を遠ざけ、若い木戸を重用するようになる。

斎藤実に大命降下

後継首相の選定につき、昭和天皇は西園寺に次の七カ条を遵守するよう求めた。

一、首相は人格者たるべし。
二、現在の政治の弊害を改善し、陸海軍の軍紀を振粛するは、首相の人格に依頼す。
三、協力内閣と単独内閣は、問うところにあらず。
四、ファッショに近き者は絶対に不可なり。
五、憲法を擁護すべし。
六、外交は国際平和を基礎とし、国際関係の円滑に務めよ。

七、事務官と政務官との区別を明らかにし、官紀振粛を実行すべし。

第一項及び第二項の「人格者により政治の弊害を改善」とは、海軍軍縮問題を政局にすり替え統帥権干犯論を振りかざして議会を混乱させた政友会総裁鈴木喜三郎を、選考対象外としたものである。

第四項の「ファッショに近き者は絶対に不可」とは、陸軍が期待する荒木貞夫を選考対象外としたものである。

第五項の「憲法を擁護すべし」とは、かつて第二次護憲運動を弾圧した枢密院からの選出を否定し、具体的には平沼騏一郎を対象外としたものである。

この七カ条を消去法で解いた西園寺は、海軍の斎藤実を奏薦せざるを得なくなった。

かくて海軍大将斎藤実に昭和七年五月二十六日、大命が降った。

五・一五事件で犬養首相が海軍将校らに射殺され、斎藤実内閣が成立したことは、「犬養首相を暗殺した海軍青年将校の希望どおり、海軍に後継首相を与えた」という結果となった。これは海軍にとっては、棚から牡丹餅だった。

ところが皮肉なことに、今度は二・二六事件で斎藤実が陸軍青年将校に射殺されるのである。

第五章　昭和ファシズムの発生

塘沽停戦協定

昭和天皇が「ファッショに近き者は絶対に不可なり」として指名した後継首相斎藤実が期待に反して昭和ファシズム、すなわち昭和軍国主義を発生させる。

かかる考察に立てば、近衛が木戸の斎藤実起用案に対して、

「斎藤実のような内閣は無責任内閣になり、軍部を甘やかす結果となり、百害あって益なし」

と批判したことは正鵠を得ていた、というべきである。

斎藤内閣の外相に就任した国家主義者の内田康哉は満州国承認方針を打ち出し、斎藤内閣発足後の昭和七年七月に来日したリットン調査団に、

「満州国を承認していただく以外、解決の道はない」

と強硬姿勢を表明、さらに同年八月二十五日の第六十三臨時議会で、

「日本国を焦土にしてでも、(満州国承認の)主張を通すことにおいて一歩も譲らない」

といい放ち、物議をかもした。

さて、その満州国に属する熱河省の治安維持は日本と満州国が共同して行なうとされていたが、熱河省は地形峻険なうえ交通が不便だったから、関東軍は実効支配するに至っていなかっ

た。そこで張学良軍の残党約四万人が昭和七年（一九三二年）夏、「万里の長城」を越えて熱河省に侵入して住民から税金を徴収し始めた。

事態を問題視した昭和天皇は昭和八年（一九三三年）二月四日、閑院宮載仁（ことひと）参謀総長に熱河作戦の実行を指示した。これにより満州国は二月十八日に熱河討伐を決定し、張景恵が総司令官になり、関東軍と満州国軍は協働して熱河省へ進攻、三月四日に熱河の省都承徳を占領し、満州国軍総司令官張景恵は三月十三日に首都新京（旧長春）へ凱旋した。

張学良と蔣介石

ところが、敗れた張軍が「万里の長城」の内側（中国側）から長距離砲で熱河省を砲撃し始めた。このため関東軍は中国領内に置かれた張軍の長距離砲を制圧すべく同年四月十日、「万里の長城」を越えて中国領の河北省へ進撃し、張軍を追い払った。

すると昭和天皇は四月十五日、関東軍将兵に対して、

「汝ら将兵、ますます、その力を養い、朕が信倚に対えんことを期せよ」

との勅語を下した。

しかし参謀次長真崎甚三郎中将は張軍の砲兵隊を駆逐するや四月二十二日に、

「熱河省の南側国境から張学良軍砲兵の圧力を除くという目的を達成したので、直ちに撤兵する」

よう命じた。

真崎は剛直の人であり、

「関東軍が『万里の長城』を越えて北支へ侵入することは、国境を越えた侵略行為である。内閣の決定を得ない陸軍の動員は許されない」

と述べて、関東軍を「万里の長城」の外側へ撤収させたのである。

また真崎は、満州事変に付随して生起した第一次上海事変の早期停戦にも尽力し、

「日本軍の駐留こそが紛争の種である」

と言明して、上海から日本兵を一兵残さず撤兵させた。

さらに真崎の主導により天津郊外の塘沽（タンクー）で五月三十一日、日本側代表岡村寧次少将と中国側代表熊斌（ゆうひん）中将との間で塘沽停戦協定が調印され、関東軍は「万里の長城」の外側へ撤収して、満州事変は終結となった。

満州事変及び上海事変を終息させたのは、日中不戦を掲げる真崎甚三郎ら皇道派軍人だったのである。

国際連盟脱退

外相内田康哉が、リットン報告書が公表される直前の昭和七年九月十五日に満州国を承認すると、国際連盟は日本に対し、厳しい姿勢を示すようになる。こうしたなか日本全権松岡洋右は連盟総会へ赴き、ジュネーブに到着するといきなり、

「国際連盟が満州国を承認しないなら、日本は国際連盟を脱退する」

と宣言してしまう。このため国際連盟は一段と態度を硬化させ、昭和八年二月二十四日、満州国不承認を圧倒的多数で可決した。すると松岡は総会から退場し、同年三月二十八日、わが国は国際連盟から脱退してしまった。


一般に戦前の外交官といえば平和主義的な親英米派で、軍部に抵抗したが軍部の横暴に押し切られた、というイメージで捉えられがちである。だがこのイメージに該当する幣原喜重郎や松平恒雄らいわゆる親英米派の外交官は、満州事変を契機として、外務省の中枢から追放されてしまう。


やがて彼ら親英米派に代わって内田康哉や松岡洋右や広田弘毅ら強硬派、すなわち外務省興亜派が、

「日本は黄色人種連合の盟主として、英米白人連合に対抗すべきである」

と主張して外務省を牛耳るようになる。これにより日本外務省の外交方針は事変以前の平和主義からまったく転換してしまった。

外務省興亜派が外務省の主流派だった幣原らを追放させることができたのは、陸軍の統制派の威を借りたからである。こうした内田康哉や松岡洋右の感情的で短兵急な言動について対米英不戦論者の宇垣一成は、

「軍部の短見者流の横車に引き摺られ、青年将校でも述べそうな事を、お先棒となって高唱し、なんら策も術もなく、押しの一点張り。無策外交の極致」(『宇垣日記』)

と酷評した。

また近衛文麿は外務省興亜派の問答無用の唯我独尊的姿勢について、

「満洲事変以来、満洲における日本の行動は国際連盟においてしばしば問題にされ、日本は世界の法廷において世界平和の名により裁かれる被告の立場に置かれた感がある。我々は、日本の行動が国家の生存上必要欠くべからざる所以を説明するとともに、真の世界平和はいかにして達成し得るかについて我々の所信を率直に述べて、欧米の平和論者の考慮を求むべきである」(『世界の現状を改造せよ』)

と述べている。近衛は一貫して、「米英に対して丁寧な説明を尽くすべき」と考えていたのだ。

近衛文麿のアメリカ訪問

当時の日本には満州国建国について、大別して次の三つの立場があった。

一、「ワシントン体制に抵触する侵略行為であり認められない」とする幣原喜重郎ら外務省親英米派及び元首相若槻礼次郎ら。

二、ワシントン体制が想定外とした共産ソ連の軍事膨張に対する防共対策であり、やむを得ざることを米英や西欧諸国に丁寧に説明すべき、とする近衛文麿や宇垣一成ら。

三、日本を敵視する米英が悪いのだから一切の説明は不要である。日本を批判する米英とは戦争も辞さない、とする内田康哉、松岡洋右ら。

この三つのなかでは二、の近衛の立場が最も妥当だった。政治家としての近衛は優柔不断で時流に押し流されていく弱さがあったが、国際情勢を分析する資質は天下一品だったといえよう。

昭和八年（一九三三年）六月に貴族院議長に就任した近衛は、自らの手でアメリカとの人脈を築き外交パイプを再構築しようと昭和九年五月十七日、アメリカへ向かった。

渡米の表向きの理由は長男文隆の卒業式への出席、とされたが、真の目的はアメリカ政界の旧知の人士と接触して満州における日本の立場を説明し、その理解を得ることであった。出発前、近衛は訪米について記者たちに、

「まあ僕が逢いたいのは三十人位、滞米期間からいうと二日に一人の割ですから、いまより楽ですハハ……長男もこの間僕の所へ、学校で満州問題をウント聞かれるから、なにか資料を送ってくれ、といって来たので外務省からもらって早速送ってやりましたハハハ……マアむこうではウント日本語をしゃべって日本着で押し通そうと思っているんです。かえってその方が喜ばれるんですナア」

などと語っている。

横浜に帰着した近衛父子

ニューヨークに到着した近衛は六月一日にスタンフォード大学で講演し、午後、フーバー前大統領を訪ねた。六月八日にはホワイトハウスでルーズベルト大統領主催の午餐会が開かれ、アメリカ側から大統領やハル国務長官らが出席した。

松岡や内田らに牛耳られた外務省が日米交流をやらないから、近衛が代わりに動いたのである。近衛の滞米は約五十日にわたった。わが国の満州国承認（昭和七年）、国際連盟脱退

（昭和八年）後のアメリカの反日感情、不信感は烈しく、日米関係の前途が危ぶまれるなか、近衛は日米の外交パイプをつなぐため、相当の覚悟をもって活動したのである。近衛は六月十六日付け朝日新聞に『ワシントン印象記』と題する手記を寄稿して、

「アメリカは満州問題は静観しており、日本の手が支那へ伸びることを警戒してる」

ことを日本国民に知らせ、八月一日、文隆を連れて横浜港へ帰着した。

岡田啓介内閣の成立

昭和九年七月三日、斎藤実内閣は帝人事件により総辞職に追い込まれた。

本来なら斎藤実（海軍大将）が疑獄事件で倒れたのだから、後継首相は、

一、「憲政の常道」に立ち戻って、後継首相は政友会（総裁鈴木喜三郎）から出す。

二、陸軍に政権を委ね、陸軍将官から後継首相を出す。

べきであった。

しかし、組閣の大命は海軍大将の岡田啓介に降った。

斎藤の後継に再び海軍から岡田が選ばれたのは、以下の経緯による。

元老西園寺公望は「天皇制を維持するには政治は政党に委ねるべき」と天皇の政治関与を戒めたが、天皇親政を目指す牧野伸顕グループの内大臣秘書官長木戸幸一の進言で斎藤実が首相に指名され、西園寺公望の元老としての地位は名存実亡となった。

面目を失った西園寺だったが、自身の復権を目指し、重臣会議のメンバーを一木喜徳郎・斎藤実・清浦奎吾・若槻礼次郎・高橋是清として、後継首相選定に関する内大臣秘書官長木戸幸一の干渉を排除したうえで、斎藤実内閣の後継選定を重臣会議に委ねた。

この西園寺の反撃で選定権者から外れた木戸は西園寺邸を訪れ、

「政党人（若槻礼次郎・高橋是清）を重臣に加えることは、政党の力が増すので反対である」

と訴えたが西園寺は無視、重臣会議で斎藤実が推した岡田啓介を奏薦したのである。

だが斎藤実は、あまりにも浅慮だった。本来なら、帝人事件という汚職事件で自分が辞職したのだから、後継首相は海軍軍人以外から選ぶべきであったのに、海軍部内での政権のタライ回し、すなわち海軍の政権私物化を行なったのである。

岡田内閣は政友会から三名、民政党から二名を入閣させて昭和九年七月八日、発足する。

しかし「憲政の常道」の復活による政権復帰を熱望していた政友会は不満を強め、政友会から入閣した床次竹二郎・内田信也・山崎達之輔を除名し、岡田内閣に対し、対決姿勢を取った。

またこの頃、内大臣牧野伸顕は右翼から、「木戸を使嗾(しそう)して宮中工作を行なっている」と批判され、急進軍人からも「君側の奸」とマークされるようになり、暗殺の噂が流れた。進退窮まった牧野は昭和十年十二月二十六日、病気を理由に内大臣を辞して、権力の表舞台から去った。

すると元老西園寺公望は後任の内大臣に、前首相斎藤実を据えた。こうして西園寺公望は復権の足掛かりを築いたのである。

罷免された真崎甚三郎

岡田内閣で陸相に就いた林銑十郎は、統制派の頭目永田鉄山軍務局長の、いわば傀儡だった。永田は「支那を一撃しドイツと同盟して米・英・ソと戦う体制」を実現するため、日中不戦を唱える皇道派の排除を目論んでいた。

これに対し、戦争になれば最前線で戦死する危険率が高い青年将校らは、「永田構想はナチス・ドイツをまねたファッショである。日本がドイツと同盟して中国や米英ソと戦い、自分らが無意味な戦死を遂げるのではたまらない」

と反感を募らせ、「対中不戦」を掲げる皇道派の真崎甚三郎を支持した。

およそ軍隊という組織のなかで戦争を最も嫌うのは、最前線で戦死する可能性が高い、若い軍人たちである。

逆に、戦争を最も好むのは軍幕僚である。幕僚は最前線に立たないので戦死の危険率は当然低い。彼らは、作戦に成功すれば栄達し、失敗すれば現地の指揮官に責任を転嫁してしまえばいいのだ。

だから軍幕僚グループの統制派は中国侵略に血道をあげるのである。

だが当時、陸軍内では「対中不戦」を唱える真崎や荒木らの皇道派が多数派だったから、中国侵略を目論む永田は真崎からしばしば掣肘（せいちゅう）を受けた。

そこで永田は真崎教育総監の排除に踏み切る。永田の意を受けた林銑十郎陸相が昭和十年七月十五日の陸軍三長官会議でいきなり真崎を罷免し、後任に統制派の渡辺錠太郎大将を指名したのだ。

真崎が罷免されると、憤慨した皇道派の相沢三郎中佐が白昼堂々、陸軍省軍務局長室に乗り込み、執務中の永田鉄山少将を斬殺した。事件を受けて林銑十郎は陸相を辞任し、後任に中間派の川島義之が就いた。

相沢は青年将校らから英雄に祭り上げられたが、二・二六事件後の七月三日、東京衛戍（えいじゅ）刑務所で銃殺刑に処せられる。余談だが、相沢家で供養が行なわれた際、荒木と真崎が弔問したあと、統制派の寺内寿一陸軍大将も花輪を供えようとしたが、遺族に遮られている。

第六章　二・二六事件

海軍増強の犠牲になった農村

海軍内閣が二代続き、艦隊派（軍備増強派）が海軍を牛耳り、軍備を拡張し始めると、軍艦建造の財源である地租を負担する農民（地主と小作農）の生活が極限まで圧迫されるようになる。特に東北で凶作が多発したため農民の窮乏が限界に達し、小作農は小作料を納められず、小作争議が頻発した。小作農が小作料を納めなければ、地主は地租という土地税を払えず破産する。つまり小作争議とは、地主と小作農による階級闘争というよりも、地主と小作農によるいわば生き残りをかけた生存闘争でもあったわけである。

そもそも明治政府が富国強兵のスローガンを掲げて地租を軍事予算の基礎財源として以来、農民は過重な負担を強いられてきた。かかるなか陸軍が「万里の長城」を越えて中国北部へ侵攻し、海軍が五・一五事件のあと、大海軍の建設に着手したのだから、陸軍予算も海軍予算も倍増し、この軍事費の財源を地租という土地税によって負担する農民の生活が、極限まで圧迫されたのである。ちなみに昭和六年の軍事費四億五千五百万円が、昭和十一年には十億七千八百万円と、倍増している（国家予算の五十％、現在は国家予算の五％）。

現在でも東北地方は冷害などのリスクを抱えている。特に青森県の津軽地方は風雪、冷害、水害、塩害など自然環境が厳しく、昭和初期には昭和恐慌の直撃もあって小作農は小作料を納められず、地主は地租を払えず、農民の窮乏が限界に達した。なかでも津軽農民の窮乏はすさまじく、娘の身売りは日常茶飯事となり、津軽の車力村（しゃりきむら）では激しい蓆旗（むしろばた）争議が起きて、村は混乱のるつぼと化した。

かつて満州事変に出征していた青森第五連隊の末松太平大尉は、満州で直面した厳しい現実を、

「わずかな手当の金を節約して郷里へ送金する兵も多かった。月給を割いて部下に与える将校もいた。しかし焼け石に水だった。親から『お前は必ず死んで帰れ。国から下る金が必要なのだ』との手紙を受け取った真面目な兵は、泣きながら手紙を中隊長に見せた。貧窮に泣く農村青年を部下に持つ青年将校が、軍人勅諭の忠節を部下に説くだけですませられるだろうか。尽忠報国の義務だけあって生活する権利を保障されていない兵に代わって権力層に反省を促すことこそ、軍人勅諭の真の実践であるはずだ」

と述べたうえで、二・二六事件の原点は青森県車力村の小作争議である、と証言している。

こうした農村の窮迫を憂えた陸相荒木貞夫は農村漁村救済予算を高橋是清蔵相に要求したが、財源は軍艦建造に費やされてしまっていたため高橋蔵相の、

「農村漁村は自力にて更生すべし」

との一言によって却下された。これが、二・二六事件での高橋是清襲撃の伏線となる。

二・二六事件

海軍内閣の独善に義憤を感じた皇道派青年将校らは昭和十一年二月二十六日未明、総勢千四百余名の兵を率いて、

「岡田内閣を屠って陸軍内閣を樹立する！」

と叫んで決起し、斎藤実（海軍大将）、岡田啓介（海軍大将）、鈴木貫太郎（海軍大将）、牧野伸顕、渡辺錠太郎、高橋是清らを襲撃した。

二・二六事件である。

襲撃された要人のうち三人が海軍大将だったことから海軍は猛反発し、事件直後の二十六日午前より海軍省の警備体制を臨戦態勢へ移行させ、午後には横須賀鎮守府の海軍陸戦隊を東京・芝浦に上陸させ、翌日午後には戦艦「長門」以下連合艦隊の各艦を東京湾に集結させた。

二月二十六日午前九時頃、事態収拾に動いた陸相川島義之が事実関係を説明すべく参内し、御前にて反乱軍の蹶起趣意書を読み上げたところ、昭和天皇はそれにはまったく関心を示さず、

「叛徒ノ処置ハ、ドウスルツモリカ。速カニ事件ヲ鎮定スベシ」

と鎮圧を命じた。

翌二十七日、陸軍の同士討ちである皇軍相撃による流血を憂慮した侍従武官長本庄繁が、

「決起将校の行為は許し難いと存じますが、その気持ちだけでもお汲み取りくださいますよう……」

と言上すると、天皇は、

「朕ガ股肱(ココウ)ノ老臣ヲ殺戮ス。此ノ如キ兇暴ノ将校等、其精神ニ於テモ、何ノ恕(ユル)スベキモノアリヤ……朕ガ最モ信頼セル老臣ヲ悉ク倒スハ、真綿ニテ、朕ガ首ヲ締ムルニ等シキ行為ナリ」（『本庄日記』）

と一蹴した。

実は、天皇と陸軍青年将校らとの間には乗り越え難い深い溝があったのだ。

昭和天皇は生まれるとすぐ宮中のしきたりにより、海軍中将川村純義の手で育てられ、学習院初等科を終了すると、東宮御学問所で東郷平八郎元帥の慈愛溢れる指導を受けた。このようなことから天皇が海軍に親しみを抱くようになったことは想像に難くない。

だから五・一五事件で犬養毅首相が海軍青年将校に射殺されると、天皇はとりわけ信頼していた海軍大将斎藤実を後継首相に選び、こののち帝人事件という不名誉な疑獄事件で首相を辞任したにもかかわらず、西園寺の進言を容れて斎藤を内大臣に就けたのである。

ところが陸軍青年将校はこの斎藤実を、

「君側の奸である」

と糾弾して殺害したのだ。

このとき天皇は、

「将校ら、ことに下士卒に最も近似する者が農村の悲境に同情し、関心を持するはやむを得ずとするも、これに趣味をもちすぎるは、却って害あり……農民の窮状に同情するはもとより必要事なるも、しかも農民また自ら楽天地あり。貴族の地位にあるもの必ずしも幸福なりと云うを得ず」（『妻たちの二・二六事件』）

と独白したという。このように天皇と陸軍青年将校とは認識がまったく異なり、青年将校が農民の救済を求めて決起したことに天皇は、まったく共感を示さなかったのである。

侍従武官長本庄繁、戒厳司令官香椎浩平、第一師団長堀丈夫（たけお）は性急な武力討伐により流血の惨事となることを憂慮し、決起将校を帰順させる方策を模索した。しかし天皇は、

「朕、自ラ近衛師団ヲ率ヒ、此ガ鎮定ニ当タラン」

と宣べ、直ちに断固たる武力討伐を行なうよう、本庄らに重ねて命じた。

このため戒厳司令部が二十九日八時五十五分にラジオで、

「下士官・兵に告ぐ。既に天皇陛下の御命令が発せられたのである。いまからでも決して遅くないから、原隊へ帰れ」

と放送すると、決起将校の首謀者の一人、野中四郎大尉が「下士官と兵を帰隊させよ」と訴

えて、その場で拳銃で自決した。

　これを機に決起将校らは二月二十九日午後二時頃から順次、下士官と兵を原隊へ帰隊させて降伏し、事件は終息したのである。

特設軍法会議

　事件後の三月一日、昭和天皇により緊急勅令が下され、決起将校を裁く特設軍法会議の設置が決定された。この日、天皇は侍従武官長本庄繁を呼び、
「軍法会議ノ構成モ定マリタルコトナルガ、相沢中佐ニ対スル裁判ノ如ク、優柔ノ態度ハ、却テ累ヲ多クス。此度ノ軍法会議ノ裁判長及ビ判士ニハ、正シク強キ将校ヲ任ズルヲ要ス」（『本庄日記』）
　との指示を与えた。
　さらに三月十三日、本庄に対して、
「青年将校等ガ、社会状勢ノ表裏ニ通ゼズ、緩急是非ヲ識別スル能力ナキコトモ、今回ノ如キ大事変ヲ惹起スル所以ナラズヤ」（前掲書）
　と宣べ、翌三月十四日、再び本庄を召して、

「（昨日の）社会状勢云々ハ、常識ノ養成ノ必要ナル意味ナルコト」（前掲書）

と付け加えた。

昭和天皇は事件を主導した青年将校たちを、世間知らずで視野が狭く社会情勢の表裏を知らぬ、物事の重要性や善悪など事の本質を識別する能力のない、常識を欠いた者たち、と判定したのだ。ここにおいて決起将校の命運は決まった。特設軍法会議は「一審制・非公開・弁護人なし」という暗黒裁判のうちに、彼らに極刑を下したのである。

これについて近衛文麿は、

「哲学的に見て、社会悪というものが世の中には存在する。たとえば資本家の弊害とか、あるいは権力者の弊害とかいうものが存在する。二・二六とか五・一五といったことの起こるのも、社会悪を除こうというのがその動機なんだ。だから陛下として大局からご覧になってその動機を酌んでやるだけのお心持ちがなければ、公平が保たれない」（『細川日記』）

と洩らした。

このとき無実の罪で禁固五年の判決を受けた菅波三郎大尉は、

「決起の第一の理由は、第一師団（東京）の満州派遣。第二の理由は、統制派の幕僚連が目論んでいた支那への侵略だ。これは、当然、戦争になる。もとより生還は期し難い。決起した青年将校らは、とりわけ有能で勇敢な第一線指揮官なのだ。大部分は戦死してしまうだろう。だから満州派遣の前に、君側の奸を斃す。そして支那へは、絶対、手を付けさせない。いまは外国と事を構える時機ではない。わが国の国政を改革し、国民生活の安定を図る。これが、青年将校の決起の動機だった。支那への侵略の張本人が軍務局長永田鉄山少将であることは、我々は誰もが知っていた」

と振り返っている。

陸軍統制派の勝利

事件後、陸相川島義之大将・侍従武官長本庄繁大将・関東軍司令官南次郎大将及び軍事参議官全員（荒木貞夫・真崎甚三郎・林銑十郎・阿部信行・寺内寿一・西義一・植田謙吉）が辞任し、予備役編入となった。しかし軍事参議官全員が辞任すると輔弼（ほひつ）の任を果たすことができないので、結局若手三名が残留し、寺内寿一が陸相に、西義一が教育総監に、植田謙吉が関東軍司令官に、新たに任じられた。


なお参謀総長閑院宮載仁王は皇族であるので、

「今ヤ、時局極メテ重大ノ折柄ユヘ、此際、留任セラルベシ」

との優諚を賜り、留任となった。

陸軍は同年八月、三千人に及ぶ人事異動を断行し、陸軍から皇道派を一掃する。

統制派のリーダー永田鉄山の腹心だった東条英機少将はこの時期、関東軍憲兵隊司令官として満州の地にあった。東条は努力家で謹厳実直であり事務能力も高く、上官に従順だったが、軍人としては独創性がなく、作戦能力もなくバランス感覚も欠けていたので、周囲からは「少将で終わり」と見られていた。

ところが東条は二・二六事件後の粛軍人事に際して、憲兵を動員し、全満州における皇道派二千数百人を片っ端から検挙する。東条はこの功績により昭和十一年十二月、中将へ昇進するのだ。

兵隊から見れば少将も中将も雲の上の存在だが、少将と中将では文字通り雲泥の差があった。陸相は大将及び中将から選ばれるので、少将では陸相になれなかったのである。

永田鉄山の熱心な信奉者であった東条は後年、

「自分の人生で尊敬すべき先輩であり、友人であったのは永田鉄山さんだけだ。あの人こそ私の師である」（『東条英機と天皇の時代』）

と語っている。

志半ばにして非業の死を遂げた永田の遺志を継ぐ意味でも、東条は自らを永田に重ね、皇道派への復讐、統制派の勢力拡大に努めていくことになる。

首相就任を辞退

二・二六事件の際、首相官邸の女中部屋に隠れて九死に一生を得た首相岡田啓介は、国民から「それでも軍人か！」と批判を浴び、三月九日に辞職した。

西園寺は近衛を岡田の後継に起用しようと考え、近衛に、

「貴公は陸海軍にも政界にも財界にも受けが良い。ついてはこの際、組閣してはどうか」

と持ちかけた。しかし近衛が、

「誰からも受けが良いということは、どこにも真の支持者はいない、ということです。この厳しい情勢下では、強力な指導者でなければ、時局を収拾することはできません」

といって応じなかったため、岡田内閣の外相広田弘毅に組閣の大命が降った。近衛は後年の手記で、

「西園寺公には長年お世話になってきたのに逆らったのだから、破門は覚悟のうえだった」

と述べ、さらに、

「自分と西園寺公との政治的意見の大きな開きも重要な一因であった。二・二六事件の結果、対

支不戦・対米英不戦を主張する皇道派が全員連座して一掃されてしまい、そのあと対支一撃・日独同盟・米英敵視を唱える統制派が支配する軍部の動向は憂慮に堪えないものがあった。そこで自分は、政局を担当する自信がない旨を西園寺公に述べ、表面は病気を理由として拝辞したのである。当時、西園寺公は、対外的に最も危険な皇道派が除かれたのでいまや粛軍の実が挙がると見ており、自分の考えに不満の様子であった。しかし、日中事変以後、太平洋戦争に至る全経過からみて、当時の自分の観測は誤っていなかったといまでも考えている」

と記している。

一方、西園寺は秘書の原田熊雄に、

「近衛は荒木、真崎のことを弁護したりしていた。近衛がいろいろ話したところを考えてみると、それらは自分の考えなのか、言わされているのか、(青年将校から襲撃されるという)恐怖心に駆られてそういう風に言っているのか、そういう風に言った方がこの時勢には自分の立場上いいと思って言っているのか、分からない」(『西園寺公と政局』)

と語っている。このように皇道派を非とする西園寺と、皇道派を是とする近衛とでは、大きな見解の相違があった。西園寺は、

「最も凶暴な皇道派が粛清・排除されたのだから、もう安心だ」

と考えたのに対し、近衛は、

「対支不戦・対米英不戦を唱える皇道派が粛清され、支那一撃・日独同盟・対英米戦を唱える統制派の天下となった以上、陸軍はやがて支那へ侵攻するだろう」

と憂えたのである。

近衛は三月十日、失脚した荒木貞夫に会い、

「閣下が陸軍を去り、真崎大将が裁判にかけられた以上、私にはもはや陸軍内に相談できる人はいなくなった」

と嘆いた。近現代史研究家の鳥居民氏はこれについて、

「(近衛には)統制派の天下となった陸軍が皇道派を弾圧し、真崎甚三郎を有罪にし、二・二六の関係者を処刑してしまうのを黙って見ているのは堪えがたいという気持ちがあった」(『近衛文麿「黙」して死す』)

との見方を示している。

第七章　幻の宇垣一成内閣

軍部大臣現役武官制復活

昭和十一年三月九日に成立した広田弘毅内閣は五月十八日、軍部大臣現役武官制を復活させ、陸相・海相の補任資格を現役の大将・中将に限るとした。これは皇道派との抗争に勝利した統制派が皇道派の復活を阻止すべく、二・二六事件後の粛軍の一環として、「二・二六事件の責任を問われて予備役へ編入された荒木貞夫大将・真崎甚三郎大将ら皇道派の将官が陸相となって復活する事態を封じる」ことを目的としたものである。

前にも触れたが軍部大臣現役武官制は、第二次山県有朋内閣が明治三十三年に政党勢力が陸海軍に影響を及ぼすことを阻止するために定めたもので、大正元年に第二次西園寺公望内閣は辞任した上原勇作陸相の後任を得られず、総辞職に至った。

このため政友会に支えられた第一次山本権兵衛内閣が大正二年に、陸相・海相の補任資格を予備役・後備役の大将・中将へ広げて軍部大臣現役武官制を廃止したのだが、ここにきて寺内寿一ら統制派は、この軍部大臣現役武官制を復活させたのである。

また広田内閣は昭和十一年十一月二十五日、日独防共協定に調印する。

これはドイツのリッベントロップと駐ドイツ大使館付陸軍武官大島浩少将との間で、日本外務省もドイツ外務省も外し、一年ほど前から非公式に進めていたものである。

日本の外務省がこの秘密交渉を知ったのは二・二六事件発生前月の昭和十一年一月、岡田啓介内閣のときであった。このときは日本外務省もドイツ外務省も、

「日独の提携はソ連及び米英を刺激する」

と警戒し消極姿勢だったが、その翌月の二月に二・二六事件が発生して広田弘毅内閣に替わると、広田が陸軍の圧力に屈して調印したのである。

広田は敗戦後、A級戦犯に指定されるが、公判では完全黙秘を貫いた。軍部に責任をなすりつける発言をすれば死刑を免れることもできた、という分析もあるが、発言すれば天皇に累が及ぶことを一番恐れたからだ、とされる。

腹切り問答

昭和十二年一月二十三日の第七十回帝国議会における衆議院本会議で、軍部の横暴に憤慨した政友会の浜田国松議員が寺内寿一陸相を批判する演説、いわゆる「腹切り問答」を行なったところ、議場は野次と怒号で騒然となり、これにより、広田内閣は総辞職となった。

浜田国松（三重県選出）は昭和九年から昭和十一年まで衆議院議長を務めた議会の長老で、生涯を通じて反軍・反ファッショの姿勢を貫き、この「腹切り問答」で政党政治家の気概を天下に示した。当日、暗殺されることも覚悟した浜田国松七十歳は真新しい下着を着て質問に立ち、陸軍の政治干渉を、次のように痛烈に批判した。

浜田を睨みつける寺内陸相、奥は広田首相

「近年、わが国は、言論の自由に圧迫を加えられ、国民は言わんとする所を言い得ず、わずかに不満を洩らす状態に置かれている。近年、軍部による独裁強化の政治的イデオロギーは、滔々として軍の底を流れ、ときに文武恪循（かくじゅん）（文官と武官が謹んでそれぞれの職責を果たすこと）の堤防を破壊せんとする危険がある」

この演説に政友会も民政党もやんやの喝采を送った。すると、答弁に立った寺内寿一陸相は険しい表情で、

「軍人に対しまして、いささか侮蔑されるような感じを致す所のお言葉を承りますが」

と反論した。そこで浜田は再び登壇し、

「私の言葉の、どこが軍を侮辱したのか。事実を挙げなさいッ」

と迫った。答弁に窮した寺内は、

「侮辱されるが如く聞こえた……」

とトーン・ダウンしたが浜田は納得せず、

「速記録に軍を侮辱する言葉があったら割腹して君に謝罪する。なかったら君が割腹せよッ」

と詰め寄った。これに対して寺内が壇上から威圧するかのように浜田を睨みつけたため、議場は大混乱を呈し、いったん停会となった。すると頭に血が上った寺内が広田に「議会を解散せよ」と迫り辞任をチラつかせたため、嫌気がさした広田は政権を投げ出してしまった。

宇垣一成へ大命降下

広田内閣が退陣すると、元老西園寺は陸軍の横暴を抑えるべく、後継首相に国民的人気を誇る宇垣一成陸軍大将を奏薦、昭和十二年一月二十五日、宇垣に組閣の大命が降った。

二・二六事件後、軍事費が膨張してインフレと財政破綻が懸念され、陸軍の政治介入により戦争への危険が憂慮されるなど、政情は不安定だった。そこで、陸軍の横暴を持ち前の剛腕で押さえ、中国・米英との協調外交を復活させ、政党政治を尊重する人物として、西園寺は宇垣を後継首相に推したのである。

政界、財界、国民は宇垣一成の登場を、興奮をもって迎えた。

宇垣は加藤高明内閣、第一次若槻礼次郎内閣、浜口雄幸内閣で陸相に任じられ、この間、前述のとおり加藤内閣の大正十四年に宇垣軍縮を断行し、四個師団を廃止して師団長ポスト四、連隊長ポスト十六をなくし、浮いた費用で飛行機や戦車などを装備して、軍の近代化を図った。かつて宇垣派は昭和六年の満州事変までは日本陸軍の主流派だったが、満州事変不拡大方針を採った第二次若槻内閣（民政党）に協力したため、若槻内閣の総辞職とともに衰退してしまう。こののち陸軍皇道派も二・二六事件により壊滅し、陸軍は統制派の天下となった。

宇垣一成は昭和六年六月に予備役となって陸軍を去り、朝鮮総督に就任し、広田弘毅内閣で日独防共協定が論じられていた昭和十一年八月に日本へ帰国して、無冠の一私人となった。帰国した宇垣は日独防共協定に反対し、

「日独防共協定にイギリスとアメリカを参加させ、ソ連を封じ込める反共の大包囲網」へ発展させるべきである、と主張した。

日本とドイツはソ連の隣国だから、絶えず共産主義の脅威に苦しんでいる。イギリスとアメリカはソ連と国境を接していないので、共産主義の脅威に鈍感である。だからイギリスとアメリカに共産ソ連の脅威を理解させ、日独防共協定を、

「共産ソ連を封じ込める、日独英米による、反共の大包囲網へバージョン・アップ」

すれば、支那事変も太平洋戦争もスキップして、もしかすると一足飛びに一九五〇年代の東西冷戦へ突入したかもしれない。これが宇垣一成の日独防共協定への対抗策だったのである。

実は西園寺は昭和十一年十二月、早くも広田を見限り、

「陸軍を制御し、中国における陸軍の軍事行動を抑制し得るのは、宇垣一成しかいない」

と腹を固め、重臣・財界人・政党関係者に打診した。すると彼らも、かつて陸軍軍縮を成功させた宇垣の力量を評価し、宇垣への期待の声を寄せた。

また肝心の寺内寿一陸相も、

「後継首相は宇垣閣下でよいではないか。陸軍内に宇垣閣下への反対はない。堂々とやったらいい」

と賛意を示した。

これを受けた西園寺は、後継首相に宇垣一成を奏薦したのである。

陸軍統制派が宇垣の組閣を妨害

ところが、いよいよというとき、統制派の牙城である陸軍省軍務局が突然、宇垣一成の首相就任に反対を表明したのだ。

かつて陸軍では宇垣派、皇道派、満州組、統制派の四派が並立していたが、満州事変勃発により非戦主義の宇垣派が没落し、二・二六事件後の粛軍人事で皇道派も壊滅してしまい、いまや統制派の軍人らが「わが世の春」を謳歌している。しかるに宇垣が陸相どころか首相となってカムバックすれば、統制派が逆襲されることは目に見えている。すなわち、

「宇垣が返り咲けば自分たちは追放されるかもしれない」

という恐怖を感じたのである。

すると彼らに、かつて宇垣軍縮で廃止された四個師団、すなわち高田第十三師団・豊橋第十五師団・岡山第十七師団・久留米第十八師団の失業軍人が呼応し、宇垣排撃の声は燎原の火のように広がった。さらに大命降下前日の一月二十四日には、陸相官邸に梅津美治郎次官、磯谷廉介軍務局長、及び各課長らが集まり、

「宇垣内閣への陸相推薦を拒否する」

と気勢を上げるに至る。

実は、統制派の武藤章中佐・片倉衷少佐らは林銑十郎大将を後継首相に想定していた。彼らは中国への侵略を目指していたから、これに同調する人物を望んだのである。宇垣が首相になったら、彼らが目論む中国侵攻は阻止されてしまう。

組閣の大命を受けた宇垣が一月二十五日に陸相寺内寿一を訪ねて陸相の推薦を要請すると、寺

内は大いに恐縮し、

「陸軍省軍務局の連中が、閣下では軍の統制が乱れると騒ぐから、閣下は首相辞退を御考慮願いたい」

と頭を下げた。寺内にとって宇垣は、寺内の予備役編入（退役）が決まった際、「母の胎内にいるときから陸軍に育った私です。任地は由良でも台湾の要塞でも結構ですから、閣下、どうかもう少し私を陸軍に置いてください」との言葉にほだされ、寺内を現役に留めた恩人であった。

また翌日午前には、かつて宇垣の側近だった教育総監杉山元（陸軍大将）が宇垣の組閣本部を訪れ、

「宇垣閣下は陸相だった大正十四年、四個師団を削減されました。そのため、陸軍部内は複雑になりまして、もはや宇垣内閣では部内がまとまりません。この際、首相を辞退していただけないでしょうか」

と懇願した。この杉山発言の真意は、

「宇垣軍縮の四個師団廃止により失業したり転属させられた将校たちが、母隊を解散させた宇垣を呪詛しているから、首相を辞退してほしい」

ということである。

宇垣が杉山に対して憤然として、
「部内を鎮めるのがお前の役目じゃないかッ」
と叱責すると杉山は言葉を失い、すごすご引き上げた。

ちなみに杉山元はのちに元帥まで上り詰めるが、参謀本部の口さがない連中からは「便所の扉」とあだ名されていた。理由は、どちらへでも押した方向に開く、である。これには若干の説明を要する。最近めっきり見なくなったが、昭和時代にはトイレや洗面所などの水まわりの境には押した方向で入口にも出口にもなる幅五十~七十センチほどの木製の扉が備えられていた。正確に表現するなら杉山のあだ名はある種の軽侮を込めた、この扉なのである。

杉山という男の本質は協調型であり、見識も信念もまったくない日和見主義者だった。上官に対しては従順で、上官の意を体し、常に忖度を働かせ、同僚や部下に対しては、常に同調する。この結果、言動に何ら一貫性はなく、矛盾だらけで論旨不明確・意味不明である。しかし全身が協調型である杉山は上官に従順で、同僚や部下に同調するのだから、「便所の扉」と揶揄されながらも、誰にとっても便利な男だった。大組織には必ず見られるタイプであって、トップに気に入られて権力を行使し、その結果、組織を滅ぼしてしまう迷惑なタイプでもある。

陸軍は同日午後四時、陸軍三長官（陸相、参謀総長、教育総監）の連名で、

「陸相に推挙する適当な人物はいない」

と宇垣に告げた。

これを伝え聞いた近衛は寺内に書簡を送り、抗議した。

「大命降下の後において、大命を承れる人その者を拒否するというのは、甚だ穏かならざるよう存じられ候。今ここに僅かの汚点を印する時は、将来或いは上下顛倒、秩序紊乱の勢を馴致せんこと深憂に堪えず」

当時としては、文面からしてかなり強硬な抗議だったといえよう。

最後の手段

宇垣にとって唯一残された手段は、

「昭和天皇が陸相寺内寿一に陸相留任を求める優詔を下すこと」

である。これにはいくつか先例があった。

前にも触れたが明治三十一年、わが国初の政党内閣として隈板内閣が発足した際、政党を嫌った陸海軍は陸海相を出さず組閣を妨害した。このとき明治天皇は陸海軍の横暴を抑えるべく

である。

陸相を得られなくなった宇垣は翌一月二十七日、内大臣湯浅倉平（牧野伸顕の後任）を訪ね、

「陛下から寺内寿一に優詔を下していただきたい」

と頼み込んだ。しかし陸軍統制派に心を寄せる湯浅は、

「無理をなさらなくともよいではありませんか。無理をなさると（二・二六事件のような）不祥事が起きるかもしれませんぞ」

と述べた。だが宇垣は、

「不祥事が起こるかもしれぬことは覚悟している。しかし天下国家のために出馬する以上、ピストルや爆弾は覚悟のうえだ。私は重要な事を行なうとき、これが最初で最後と思ってやる。この一挙に身命を賭して、御奉公する。この先などは考えていない」

と答えた。それでも湯浅は、天皇への取り次ぎを拒否したのだ。

万策尽きた宇垣は昭和十二年一月二十九日、参内し、昭和天皇に潸々と涙を流しながら、

「私の組閣に反対するのは、陸軍の十数名の者が地位と官権を濫用しあることが明白になりました。私が組閣すれば、これらの者の始末は難事とは存じませぬ。組閣の大命拝辞の結果に思いを致しますと、陸軍及び国家の将来は、実に寒心に堪へざるものあり。痛恨の極みでありま

す」

と奏上した。支那事変勃発の半年前のことである。

軍事評論家の伊藤正徳氏は、

「もし宇垣内閣が成立していたら、（東条ら統制派は一掃され）支那事変は回避されたであろう」（『軍閥興亡史』）

と記している。

このとき宇垣はマスコミから、「惑星」（太陽になれない人の意）というありがたくないあだ名を奉られるが、戦後初の参院選全国区に出馬、トップ当選して返り咲いている。

西園寺公望の失脚

陸軍の反対で宇垣が組閣を断念すると、西園寺はにわかに意欲を失い、

「宇垣が組閣できないならもはや奏薦・奉答を御辞退しなくてはならん」

と元老辞任を申し出た。組閣の大命が陸軍の反対で阻まれたのでは、後継首相を奏薦する元老の存在意義は消滅したに等しい。こうなると陸軍の気に入らない内閣は成立しなくなる。

元老西園寺は陸軍統制派に事実上、敗北したのである。

宇垣が大命拝辞に追い込まれると、内大臣湯浅倉平の奏薦で統制派の傀儡、林銑十郎に組閣の大命が降った。以後、湯浅倉平と木戸幸一が後継首相の選定に深く関与するようになる。

林銑十郎首相は昭和十二年二月八日、

「祭政一致の精神を発揚し、国運進暢（しんちょう）の源流を深からしめんことを期す」

と声明したが、この神がかり的文言は国民に不評だった。

静岡県興津の別荘「坐漁荘」に隠棲していた西園寺は、

「（林のいう祭政一致は）宗教の自由、信書の秘密を認めた帝国憲法に違反する。宗教と政治を分離するのが政治の第一歩ではないか」

と冷ややかに述べている。

林は政党の協力を得て昭和十二年度予算案を成立させると会期末の同年三月三十一日に突如、衆議院の解散に踏み切った。予算案の成立後で何ら争点はなく、予算成立というご馳走を食べ終わるなり解散したので「食い逃げ解散」と呼ばれた。

選挙の結果、林は大敗するが、強気の姿勢を崩さず政権に居座り、再度の衆議院解散をチラつかせた。

だが、野党の民政党・政友会・社会大衆党は林銑十郎に退陣を要求し、林を「無為」「無策」「無能」などと攻撃、林内閣は昭和十二年五月三十一日、わずか在任百二十三日で総辞職に追い込まれる。

林銑十郎内閣は特筆すべき功罪ともになく、史上最も無意味な内閣と評され、「何にもせんじゅうろう内閣」とまで揶揄された。

第八章　公爵近衛文麿の登場

第一次近衛内閣

林銑十郎の次に登場したのが、近衛文麿である。

近衛は前年、二・二六事件の直後、周囲から出馬を要請されたが、あえて辞退していた。それがいまやここに国民の期待を一身に担って、満を持しての登板となったのである。

徳富蘇峰は近衛文麿四十六歳の登場を、「雲晴れて日輪躍り出たる如し」と表現した。この言葉こそがまさに、当時の日本国民全員の近衛に寄せる偽らざる思いだった。

しかし内閣が発足してわずか一カ月後の昭和十二年七月、その前途に暗雲を投げかける事態が生じる。盧溝橋事件である。天皇も近衛も蒋介石も当初、たった一発の銃声がその後の日中戦争、ひいては太平洋戦争にまで発展しようとは、夢にも思わなかったであろう。

昭和十二年七月七日夕刻、日本の支那駐屯軍第三大隊第八中隊百三十五人が北京郊外の盧溝橋付近で夜間演習を行なったところ、盧溝橋の方向から実弾が撃ち込まれた。このため中隊は一発の応射もせず退却したが、応援に駆けつけた第三大隊五百人も中国側から猛烈な射撃を受けたので反撃し、盧溝橋一帯を占領した。

日本陸軍中央は七月八日未明に電報で盧溝橋事件の第一報を知った。このとき軍務課長柴山兼四郎大佐が、

「いやはや困ったことが起きたなあ」

と頭を抱え込むと、作戦課長の武藤章大佐が、

「面白いことが起きたねえ。うん、大変面白い、大いにやらにゃいかん」

と上官の石原莞爾作戦部長に聞こえよがしにいって、周囲の眉をひそめさせた。


だが同日夕刻、参謀本部を統括する石原作戦部長は参謀総長名で支那駐屯軍司令官に、

「事件の拡大を防止する為、兵力を行使することを避くべし」

と不拡大方針を下命する。七月九日にも支那駐屯軍参謀長橋本群に参謀次長名で、

「事件解決のため、現地交渉により速やかに妥結するよう」

指示、さらに陸相杉山元が七月十一日午前、支那駐屯軍司令官に、

「盧溝橋事件ニ就テハ、極力不拡大方針ノ下ニ、現地解決ヲ計ラレタシ」

と訓電した。

これを受けて北京特務機関長松井太久郎大佐が日本軍を七月九日午後に帰隊させ、七月十一日午後八時、支那軍第二十九軍副司令秦徳純に対して、

一、支那・第二十九軍は責任者を処罰し、日本に遺憾の意を表明する。

二、第二十九軍は盧溝橋から撤兵し、治安維持は支那の保安隊（警察隊）に任せる。
三、藍衣社（抗日テロ、親日中国人暗殺などを行なった秘密結社）など抗日団体を取り締まる。

ことを約束させた。盧溝橋事件はこれにて一件落着となった……。

ところが、延安に逼塞していた中国共産党が七月八日、全土に電報（七・八通電）を発し、対日徹底抗戦を呼びかけ、毛沢東・周恩来・朱徳が蒋介石に即時宣戦布告を迫った。そこで蒋介石は翌七月九日に四個師団六万人を北上させた。この軽率な行動が事態を混迷化させる。

参謀本部は翌七月十日に蒋介石軍四個師団の北上を察知すると、主戦派の武藤作戦課長が不拡大派の石原作戦部長の反対を押し切って、

「関東軍一個師団相当・朝鮮第二十師団を北支に派兵すべし。さらに内地から三個師団の派兵準備を行なうべし」

との派兵案を策定すると、近衛は七月十一日の閣議でこれを了承してしまう。

同日午後六時、近衛内閣は北支派兵の政府声明を次のように発表した。

「今次事件は、支那側の計画的武力抗日なること、疑いの余地なし。然れども、局面不拡大のため、平和的折衝の望みを捨てず」

この声明は、主戦派と和平派の間で揺れる近衛首相の迷いを示している。現地で松井太久郎大佐と秦徳純が停戦協定を締結する二時間前のことである。

日中和平を模索した近衛首相

その後、近衛は事変不拡大を模索し続ける。

近衛は陸相と海相の同意を取り付けたうえで広田弘毅外相に、

「南京へ行って日支和平を達成してほしい」

と説得したが、広田は言を左右にして受諾せず、結局、話は立ち消えとなる。

事態を憂慮した石原莞爾が七月十八日、内閣書記官長の風見章に会い、

「日中全面戦争に突入すれば、ナポレオンのロシア遠征と同様、底無し沼に嵌まり、必ず失敗する。この際、思い切って、北支の日本軍はすべて満州と北支の国境である山海関まで引き揚げる。近衛首相が南京へ飛び、蔣介石と膝詰めで、日中和平を協議すべき」

と訴えた。

すると近衛は大いに乗り気になり、孫文の盟友だった宮崎滔天の息子宮崎竜介を予備交渉の特使として派遣することを決め、蔣介石側に伝えると、「いつでも面会に応じる。上海まで迎え

を出す」との返電があった。七月二十四日、宮崎竜介は出発したが、陸相杉山元の指示を受けた憲兵が宮崎を神戸港で拘束して東京へ送還したため、この工作は頓挫してしまう。

そこで近衛は腹心の秋山定輔を派遣して蒋介石と談判させようとしたが、秋山も出発直前に憲兵隊に逮捕される。これによって近衛は、南京行きを中止してしまう。

神風号

近衛は手記にこう書いている。

「昭和十二年七月盧溝橋事件が起こると同時に、宮崎・秋山の両名を南京に派遣しようとした。ところが途中宮崎は神戸で、秋山は東京で憲兵に押さえられてしまった。こちらでもすぐ軍へ手配したが釈放すると言いながらぐずぐずすること一週間、そのうち事件は拡大してついに時機を失してしまった。当時軍がこの両名を押さえたのは、両人に対してスパイの疑いを持っていたというのだから何ともお話にならない」(『近衛手記』)

ちなみに石原莞爾は部下の今田新太郎中佐に、近衛を朝日新聞の「神風号」に乗せて南京に行くよう、命じていたという。「神風号」は東京・ロンドン間を無着陸で飛んだ優秀機である。朝日新聞の記者だった田村真作は次のように証言している。

「参謀本部にいた今田参謀から私のところに突然電話がかかってきた。すぐに来てくれ、とのことだったので何のことかと思って中野の彼の自宅に出かけた。

今田参謀は黒い顔をニヤニヤさせながら、いきなり『おい、朝日の神風を盗み出せよ。俺が乗って南京に行く。南京に着きさえすれば後は何とかなる』との話であった」(『石原莞爾の悲劇』)

近衛を隠密に南京に連れ出すには、民間機の方が都合がよいという考えだったらしい。もっとも近衛の逡巡により、計画は頓挫するのだが……。

一方、現地では支那軍第二十九軍長宋哲元が七月十八日に支那駐屯軍司令官香月清司を訪ねて、盧溝橋事件に遺憾の意を表明した。これを受けた支那駐屯軍参謀長橋本群から参謀本部へ電報で七月二十一日に、

「宋哲元は抗日団体取締りを実行しつつあり。内地三個師団の北支派兵の必要なし」

と報告が上がった。そこで不拡大派の石原作戦部長が主戦派の武藤作戦課長を、

「貴様が辞めるか、俺が辞めるか、どちらかだッ」

と怒鳴りつけて、派兵準備中の内地三個師団の北支派兵を中止させたのである。

しかし中国共産党中央は七月二十三日、徹底抗戦を呼号して、

一、松井太久郎・秦徳純七月十一日停戦協定を破棄せよ。
二、民衆を組織して抗日統一戦線を結成し、軍隊を総動員して抗日戦を実行せよ。
三、日本との和平を停止し、日本人の全財産を没収し、日本大使館を封鎖せよ。
四、政治機構を改革し、政府内部の親日派を粛清せよ。

などと煽動した。このため七月二十五日、北京~天津間の廊坊駅で軍用電話線修理中の日本兵が中国兵から小銃・機関銃・迫撃砲で襲撃される「廊坊事件」が発生し、七月二十六日には日本軍一個大隊が中国軍の事前了解を得て広安門から北京城内へ入城中、城壁上の中国兵から機関銃猛射と手榴弾投擲を受ける「広安門事件」が発生する。

事態の急迫を受けて近衛内閣は七月二十七日、内地三個師団（広島第五師団・熊本第六師団・姫路第十師団）を派兵し、北京・天津地区から抗日中国軍を駆逐した。

そこで八月九日夜、上海において駐華大使川越茂と国民政府外交部アジア局長高宗武との間で、日中停戦交渉が開始されることとなった。

上海事変

だが川越と高の会談がスタートした八月九日、交渉をあざ笑うかのように「大山事件」が発生する。上海郊外を海軍陸戦隊の大山勇夫（いさお）中尉と斎藤要蔵一等水兵が自動車で移動中、中国保安隊に機関銃の猛射を浴びて射殺されたうえ、青龍刀で頭を真二つに割られるという惨たらしい事件が突発したのだ。

そもそも上海在留邦人三万人は日本海軍が守る「現地保護」とされていたが、在留邦人保護のため上海に駐屯していた海軍陸戦隊はわずか二千五百人。しかも指揮官の大山中尉が惨殺されたのだから、海軍陸戦隊だけで上海在留邦人を保護することは不可能である。狼狽した日本海軍は八月十日、巡洋艦四隻と駆逐艦十六隻に海軍陸戦隊二千五百人を乗せて上海へ急派し、海相米内光政が同日、陸軍に派兵を要請した。しかし石原莞爾は、

「上海へ派兵すれば全面戦争になる。中国軍は、ドイツ軍事顧問団の指導を受けて強化されている。しかも日本陸軍は上海・華中での作戦計画を検討したことがない」

と拒否した。これに対して武藤章は、

「上海の在留邦人を保護せず、支那兵の蹂躙にゆだねるなど言語道断である」

と即時派兵を訴えた。すると石原は、

ドイツ式軍装に身を固めた蔣介石軍

「上海の在留邦人が危険なら、在留邦人は全員（日本へ）引き揚げたらよいッ。損害は一億円でも、二億円でも、補償してやればよいッ。戦争するより安くつくではないかッ」

と怒鳴りつけた。だが主戦派の武藤を支持する部員の方が多く、石原は孤立してしまう。石原はのちに、

「武藤は面従腹背の男だった。武藤を抜擢したのは自分の一生の不覚だ」

と嘆いた。一方、戦後絞首刑に処せられることになる武藤は、日中戦争がいよいよ泥沼化した昭和十四年初頭、「やっぱり石原さんの言ったとおりになってしまったなあ」とぽつりと洩らしたという。

八月十三日、ドイツ製モーゼルM九八歩兵銃・チェコ製軽機関銃を装備した中国軍五万人が海軍陸戦隊本部を攻撃し、海軍陸戦隊五千人は全滅の危機に瀕する。そこで近衛内閣は海軍の要請を容れ、同日の閣議で上海派遣軍二個師団（名古屋第三師団・善通寺第十一師団）の派兵を決定、八月十五日、近衛内閣は次の声明を発表した。

「支那の不法暴虐は至らざるなく、在留邦人の生命財産が危殆に陥るに及び、隠忍の限度に達

す。支那軍の暴戻を膺懲し、蔣介石政府に反省を促すため、今や断乎たる措置をとる」

石原莞爾が失脚

かかる事態に昭和天皇は八月十八日、参内した陸軍参謀総長閑院宮載仁王と海軍軍令部総長伏見宮博恭王に、

「戦局漸次拡大し、上海の事態も重大となれるが、青島も不穏の形勢にある由。かくの如く諸方に兵を用ふとも、戦局は長引くのみなり。重点に兵を集め、大打撃を加えたるうえ、和平に導き、速やかに時局を収拾する方策なきや」

と宣べた。兵力の逐次分散投入でなく、大軍を派兵して中国軍を包囲殲滅するなど大打撃を加えて速やかに収拾する短期解決を主張したのだ。昭和天皇はこの判断について敗戦翌年の昭和二十一年、

「そのうち事件は上海に飛火した。近衛は不拡大方針を主張していたが、私は上海に飛火した以上、拡大防止は困難と思った。当時、上海の陸軍兵力は甚だ手薄であった。ソ連を怖れて兵力を上海に割くことを嫌っていたのだ。陸軍が上海に二個師団しか出さぬのは、石原が止めていたそうだ。二個師団の兵力では上海は悲惨な目に遭うと思ったので、私はさかんに兵力の増

加を督促したが、石原はソ連を怖れて満足な兵力を送らぬ」(『昭和天皇独白録』)

と宣べている。

そもそも帝国憲法では、軍事に関しては、天皇が絶対君主として陸軍参謀総長と海軍軍令部総長を指揮して、統帥するのである。だから事変不拡大派の石原莞爾は、積極方針を採った大元帥陛下の不興を買って、こののち失脚するのである。

日本陸軍が上海の邦人保護を目的として上海へ派兵したことについて、アメリカ陸軍のスティルウェル大将(蒋介石の軍事顧問)が次のように述べたと児島襄氏は書いている。

「日本にとって上策は上海撤退か上海の持久堅持であり、そうなれば振り下ろす拳の行き場を失った蒋介石は、再び共産党軍と戦わざるを得ない。下策は日本軍が蒋介石に反撃して中国との全面戦争に引き摺り込まれることである。果たして日本は、上策を選ぶか、下策を選択するのか?　しかし上策を選ぶには、よほど強い政府と冷静な国民でなければ不可能なので、結局、日本は下策を選択するだろう」(『日中戦争』)

すなわち、石原莞爾の判断を上策と判定しているのだ。

杭州湾上陸

上海派遣軍二個師団は、蒋介石軍五万人の猛攻で全滅の危機に瀕する海軍陸戦隊五千人を救援すべく八月二十三日、上海北方の揚子江岸から上陸を開始したが、蒋介石軍は上陸地点に機雷原・水際鉄条網・地雷原・機関銃座・砲台を築き、日本軍将兵が上陸するや雨あられの如く銃砲撃を浴びせた。上海派遣軍二個師団はなんとか上陸するも、ドイツ軍事顧問団の援助により建築されたコンクリート製トーチカ陣地や、縦横に巡らされたクリークに阻まれ、岐阜第六十八連隊鷹森孝連隊長が砲撃を受け重傷、名古屋第六連隊倉永辰治連隊長が胸部貫通銃創で戦死、高知第四十四連隊（三千五百名）は死傷者三千百余の大苦戦に陥り、九月十日、派遣軍司令官はたまらず陸軍中央に援軍の要請を行なった。

石原は九月十日、海軍軍令部第一部長近藤信竹を訪れ、

「上海に援軍をつぎ込んでも戦況打開は困難である。陸軍としては速やかに和平に進みたい」

と述べ、海軍が事変不拡大に協力するよう求めたが、すでに天皇の方針が示されていることから、拒絶された。

九月十一日、陸軍上層部は苦戦する上海派遣軍からの増援要請を受け、三個師団（金沢第九師団・東京第百一師団・高田第十三師団）の増派を決定する。

孤立無援となった石原は同日、作戦部長を辞任した。

上海派遣軍は三個師団増派により計五個師団となったが、九月下旬から十月上旬にかけて、蒋介石軍のトーチカ陣地からの銃撃やクリーク渡河時の銃砲撃により大損害を被る。

そこで第十軍（司令官柳川平助中将）麾下の三個師団（熊本第六師団・久留米第十八師団・宇都宮第百十四師団）八万人が増派され、上海の後背にあたる杭州湾へ十一月五日に上陸し、蒋介石軍の背後を脅かすと、蒋介石軍は退路を断たれることを恐れ一斉に退却、総崩れとなる。

日本軍は苦戦に耐えて十一月九日に上海を攻略し、日本人居留民を保護する目的はここにようやく達成された。八月から十一月まで三カ月に及ぶ上海戦における日本軍死傷者は四万一千人に達した。日露戦争における旅順攻略戦の死傷者五万九千人と比肩される大苦戦だったのである。

なお天皇は昭和十二年九月四日、第七十二回帝国議会の開院式の勅語で、

「中華民国深く帝国の真意を解せす、濫（みだり）に事を構へ、遂に今次の事変を見るに至る。朕、之を憾とす。今や朕が軍人は百艱を排して其の忠勇を致しつつあり。是れ一に中華民国の反省を促し速に東亜の平和を確立せむとするに外ならず。朕は、帝国臣民が今日の時局に鑑み、忠誠公に奉し、和協心を一にし、賛襄（さんじよう）以て所期の目的を達成せむことを望む。朕は国務大臣に命じて特に時局に関し緊急なる追加予算案及法律案を帝国議会に提出せしむ。卿等、克く朕が意を体

し、和衷協賛の任を竭さむことを努めよ」

と宣べて、支那事変の目的を達成するため、軍事予算を追加増額するよう求めた。

終わらぬ事変

陸軍参謀本部は上海攻略十日後の十一月十九日、「こののち蒋介石軍を追撃すべきかどうか、現地の状況を探る」ために、参謀本部の河辺虎四郎大佐を上海派遣軍司令部へ送った。河辺が司令部に着くと、上海派遣軍の将兵は疲れ切っていて、参謀たちは口々に、

「退却した蒋介石軍を追撃するなど御免蒙りたい」

といって泣きついた。上海派遣軍の本音は「上海攻略をもって終戦」だったのである。

かかる状況を受けて河辺は同年十一月二十一日、「対支那中央政権方策」をまとめ、

「蒋介石政権が一地方政権に堕す前に、蒋介石に首都南京を保持させて彼の面子を保たせたまま、蒋介石と講和する。南京～上海間を非武装地帯とし、日本軍は南京へは進出せず、上海占領をもって終戦とする。これによって蒋介石軍を毛沢東軍との国共内戦に注力させる」

との早期和平方針を具申したのだ。

これは軍事上、極めて適切な策である。

日本にとって最善の策は、石原が唱えた前述の、

「蒋介石の挑発に乗らず、上海在留邦人三万人を日本へ引き揚げさせて、陸軍を派兵させない」

である。次善の策は、このとき河辺が唱えた、

「蒋介石政権が一地方政権に堕す前に、蒋介石と講和し、蒋介石軍と共産軍を戦わせる」

である。

ところが天皇は河辺が早期和平方針をまとめ上げた十日後の十二月一日、

「中支那方面軍司令官ハ海軍ト協同シテ、敵国首都南京ヲ攻略スベシ」

との「奉勅命令」を下す（奉勅命令は陸軍に下されるものを大陸命、海軍に下されるものを大海令という）。

これについて京都大学教授伊藤之雄氏は、

「昭和天皇は、内大臣牧野伸顕の影響を受け、理想化された明治天皇の行動をモデルとして立憲君主としての枠を逸脱し、立憲君主制崩壊への道を自ら開いてしまった」（『昭和天皇と立憲君主制の崩壊』）

としている。

また明治学院大学教授原武史氏は、

「天皇は日中戦争でも、戦争の早期終結を主張していたわけではなく、『重点に兵を集め大打撃

を加えたる上にて、我の公明なる態度をもって和平に導き、すみやかに時局を収拾するの方策なきや』と話すなど、和平の前に中国軍を叩くことが必要との認識を抱いていた。『東亜の平和確立』『時局の安定』には、戦争の勝利という重大な条件が付いていた」（『昭和天皇』）

と指摘する。

前述のとおり参謀本部が、すっかり疲れ切った上海派遣軍の意を汲んで、昭和十二年十一月二十一日に上海攻略にて終戦にしようと幕引きを図るなか、「どういう経緯で十日後の昭和十二年十二月一日に南京攻略の奉勅命令が下ったのか」は定かでない。しかしどうやら陸相杉山元が天皇に、

「（支那）事変ハ一カ月位ニテ片付ク」

とデタラメを奏上して、南京攻略を勧めたらしいのである。

というのは、杉山元は日米開戦前の昭和十六年九月六日の御前会議の五日前、天皇から、

「日米事起ラバ、陸軍トシテハ幾許ノ期間ニ（アメリカを）片付ケル確信アリヤ？」

と問われると、

「南洋方面ハ三カ月クライニテ、片付ケル見込ミデゴザイマス」

と極めて楽観的な回答をした。これに対して天皇は、

「汝ハ支那事変勃発当時ノ陸相ナリ。ソノトキ陸相トシテ『事変ハ一カ月位ニテ片付ク』ト申

セシコトヲ記憶ス。然ルニ（支那事変は）四カ年ノ長キニワタリ未ダ片付カンデハナイカ」と語気荒く問い詰めた。このとき杉山はうなだれて、恐懼するばかりだったという。

杉山が天皇に「支那事変ハ一カ月位ニテ片付ク」と述べたのは、先の奉勅命令の直前だったようだ。天皇は杉山の「中国侵略思想」に眩惑されたのだろうか……。

トラウトマン和平工作

そもそも、石原莞爾の基本的軍事思想は、

「仮想敵国は第一がアメリカ、第二がソ連である。ソ連の南侵は満州国により防備し、アメリカの対日侵略に対しては日本・満州・中国の協調により軍事均衡を保ち平和を維持する」

というものだった。石原は大尉だった頃から、

「米国はアジアを侵略しようとしており、日米抗争の空気が重苦しい。対米戦をどう戦うか研究が必要である。ソ連軍の南侵に対しては満州を拠点として防戦する。米国のアジア侵略に対しては、日本と中国の提携により防衛することが絶対的に必要である」

と考えていた。

石原は、日本の最大の仮想敵国はアメリカであるから、日本と中国は絶対に不戦を堅持し連

携を保たねばならない、と固く信じていたのである。

石原は参謀本部を去るとき、ある置き土産を残していた。

「トラウトマン和平工作」である。

あるとき、参謀本部情報部の馬奈木敬信中佐が日中和平に奔走する石原に、

「閣下、南京にいるオスカー・トラウトマン（駐華大使）は私のベルリン時代の友人であります」

と打ち明けた。

驚いた石原は、

「なぜそれをもっと早くいわなかったのだ。よし、すぐ上海に行きトラウトマン大使と会って和平の手がかりを探ってくれ」

と、馬奈木を上海に派遣した。ここから「トラウトマン工作」が始まる。

まず広田外相が上海攻略七日前の十一月二日、駐日ドイツ大使のディルクセンに、

「日本は中国に対し賠償金を要求しない。また満州国承認も求めない」（第一次和平案）

ことを言明すると、トラウトマンが十一月五日に、その旨を蒋介石に伝えた。しかし蒋介石はなお自軍の戦闘能力を過信して対日戦勝利に絶対の自信を持ち、和平案に回答しなかった。

ところが、蒋介石軍は上海で惨敗し、勢いに乗った日本軍がさらに南京に迫ると、絶望した蒋介石は和平案の受諾を決意し、十二月七日、ドイツを通じて日本側に、

「十一月に拒絶した講和条件を基礎として、交渉に応じる」

と表明したのだ。南京陥落六日前のことである。

わが国としては、この降伏を受け入れて日中戦争を終結させるのが最善の選択だった。だが広田は、

「（皇軍兵士の犠牲により）首都南京は陥落寸前である。戦局が進捗したので和平条件は加重される。蒋介石は賠償金を支払わなければならない」（第二次和平案）

と声明して蒋介石の申し出を拒絶してしまう。

蒋介石政府にはカネがないのだから、カネのない蒋介石に賠償金を支払えとは、戦争を永久に続ける地獄の選択なのだ。

参謀本部の堀場一雄少佐は陸軍にさらなる流血を強いる広田に強く反発し、

「広田外相の強硬論は何ぞや。自らの失態を蒋介石に転嫁するとは、罪深し」

と憤慨している。

進退窮まった蒋介石は南京が日本軍に包囲されると、十数万の兵士と数十万の市民を置き去りにして、夜陰に乗じ、セスナで南京から逃亡してしまった。

広田の第二次和平案に対する蔣介石の回答が翌昭和十三年一月十四日、逃亡先からドイツを通じてもたらされたが、それは、受諾ではなく、照会を求めるものであった。広田外相は、この回答は単なる遷延策に過ぎず、誠意が認められないとして、御前会議で交渉打ち切りを決定、近衛内閣は一月十六日、有名な、

「爾後、国民政府（蔣介石政権）を対手（あいて）とせず」

との政府声明を発表するのである。

二日後の一月十八日には川越駐華大使に帰国命令が下され、一月二十日には許駐日大使も離日、蔣介石との交渉窓口は完全に閉ざされてしまった。

杉山陸相を更迭

近衛は昭和十三年三月頃から、政権運営に行き詰まりを感じるようになった。

陸軍では参謀本部が早期和平を希望し、陸軍省は断固継戦を主張し、対立が激しい。

軍の統帥権は天皇にあって、首相といえども関与できない。第一、陸軍がどんな作戦を実行するのか、知っているのは天皇と陸軍だけで、近衛はまったく知り得ないのだ。

しかも外相広田弘毅は外交大権を振りかざして対中強硬論を一歩も譲らず、制御不能である。

苦境に陥った近衛は参内して天皇に、

「力のない自分のような者が、いつまでも時局を担当するという事は、はなはだ困難なことでございます。どうも自分のような者はマネキンガールみたいなもので、軍部から何も知らされないで引っ張って行かれるのでございますから、どうも困ったもんで、まことに申し訳ない次第でございます」

と愚痴をこぼした。すると天皇は、

「適当でない閣僚が二、三人いるなら、更迭すればよいではないか」

とほのめかした。

そこで近衛は、日本陸軍が昭和十三年五月十九日に敵の要衝徐州を占領すると、和平の好機到来と見て、継戦派の陸相杉山元と外相広田弘毅の更迭を決意する。

当時、首相が陸軍大臣を罷免することは至難というより、不可能に近いことだった。

近衛の指南役西園寺公望は第二次西園寺内閣のとき、陸軍の二個師団増設を拒絶したところ上原勇作陸相が辞任して、陸軍は後継陸相を出さなかったので総辞職している。

また西園寺は、広田弘毅内閣が倒れたとき、「陸軍を制御し、中国における陸軍の軍事行動を抑制しうる者は宇垣一成しかいない」と思い詰めて宇垣に白羽の矢を立てたが、陸軍に阻まれ、「宇垣首相」は幻となった。

元老西園寺でさえ、鼻息荒い陸軍統制派に歯が立たず、投げ飛ばされたのである。首相が陸相を更迭しても、陸軍がへそを曲げれば後任陸相を得られず内閣は倒れるのだ。

戦前の帝国憲法のもとで、首相が意に沿わない陸相を更迭したのは、この近衛の一例だけである。

近衛は杉山の後任として、陸軍内で声望が高い石原派の板垣征四郎中将を選んだ。このとき板垣は近衛の使者に、

「私も支那事変は早く止めたほうがいいと思う。どこまで行ってもキリがない。深みに嵌まる戦争だ。毎日のように兵隊が死んでゆくのを見るのは、やりきれない」

と伝えて、陸相就任を引き受けた。

外相宇垣一成

さらに近衛は日中和平を実現すべく広田外相の後任に宇垣一成を起用、世間をアッと驚かす。

前にも触れたが宇垣一成は、広田内閣が総辞職したとき元老西園寺に「陸軍の支那における軍事行動を抑制し得る者は宇垣しかいない」として奏薦されたが、陸軍の反対で組閣を断念させられた人物である。それにもかかわらず近衛は陸軍への当てつけのように、宇垣を外相に抜

擢したのである。
その意味で近衛は、西園寺を凌ぐ剛直さと政治的力量を示した、といえる。

ヒトラーを表敬訪問した孔祥熙

外相に就任した宇垣はさっそく、
「蒋介石政府を対手にせず、との第一次近衛声明に拘泥せず和平を成就する方針」
を固め、香港総領事中村豊一に、孔祥熙行政院長（首相）と、「和平工作」を開始するよう命じた。すると孔祥熙が七月十八日、中村に、

一、（日本側が要求する）蒋介石下野の代わりに、自分が全責任をとって行政院長を辞任する。
二、満州国は、直接的でなく黙認という形で間接的に承認する。
三、中国共産党との関係は絶つ。

ことを提案してきた。

この宇垣の「和平工作」は、日本にとっても蒋介石にとっても受け入れ可能なバランスの良い和平案だった。宇垣自身が強く和平を望んでいたから、実現性ある和平案が作られたのである。だから日本は、この孔祥熙案を受諾して日中和平を成就するのが最善の選択だった。

しかるに陸軍次官の東条英機が「孔の辞任では不十分、蒋介石下野が絶対必要」と条件を吊り上げ、結局、この和平工作をつぶしてしまう。こうして宇垣の「和平工作」は幻に終わったのである。

汪兆銘和平工作

昭和十三年七月五日、国民党外交部前アジア局長高宗武が突如、国民党副総統汪兆銘の指示で蒋介石に無断で極秘に来日した。彼は陸軍省軍務課長影佐禎昭大佐及び参謀本部支那班長今井武夫中佐に、

「盧溝橋事件の最初の発砲は中国共産党の仕業」

とほのめかすとともに、

「まず日本が撤兵を声明すれば、汪兆銘が蒋介石と決別し、中国全土に日中和平を通電する。次に雲南・四川・広東などの地方軍閥を呼応させ、汪兆銘が蒋介石に代わり中国全土の最高指導

者となって日中和平を行なう。しかし国民党内における汪兆銘の勢力は微弱なので、近衛文麿首相から『汪兆銘を支援することを保障する』との確約を貰いたい」

と持ちかけた。

二人はこの提案に「もっけの幸い」と飛び付き、高宗武を陸相板垣征四郎と参謀次長多田駿に引き合わせ、陸軍は一致団結して高宗武提案を支持することになった。

一方天皇は、南京攻略後の作戦として、敵に大打撃を与えて撃滅し無条件降伏を強いるべく、さらに漢口・広東を攻略するよう、命令を下す。

「一、大本営ハ漢口攻略ト相前後シテ、南支那ニ於ケル敵ノ重要ナル策源ヲ奪ヒ其主要ナル対外連絡補給路ヲ遮断スルタメ広東付近要地ノ占拠ヲ企図ス。

二、第二十一軍司令官ハ海軍ト協同シテ広東付近ノ要地ヲ攻略スベシ。広東攻略後ノ占拠地域ニ関シテハ別命ス」

そこで日本陸軍は十月二十一日に広東を占領し、十月二十七日に臨時首都漢口を陥落させる。

だが明治学院大学教授原武史氏は、

「実際には、(蒋介石が)首都を漢口から重慶に移してからも中国軍の抵抗は止まず、一方の日本軍は攻撃能力が限界に達していたにもかかわらず、天皇は現実を冷静に見極められない心理状態に陥ってゆく。日中戦争の泥沼化により、天皇がこだわっていた勝利に伴う『東亜の平和確立』『時局の安定』というシナリオは、しだいに幻想となる」(『昭和天皇』)
との厳しい見方を示している。

主戦派東条と和平派多田の両成敗

中国では、日本軍による漢口占領五日後の十一月一日、汪兆銘が蔣介石に対日和平を促したが、蔣介石はあくまで戦争継続を主張、二人の対立は決定的となる。

そこで近衛は汪兆銘との日中和平を目指し、漢口陥落七日後の十一月三日、第二次近衛声明を発表する。これは、

「対日抗戦派の蔣介石は対手にしないが、親日和平派の汪兆銘なら対手にする」

として汪兆銘の決断を促したものであった。

汪兆銘工作の具体化のため参謀本部支那班長今井武夫中佐が上海へ渡り、十一月十三日、外交部前アジア局長高宗武との交渉を本格化させる。このとき高宗武は、

「日本軍が撤兵するなら汪兆銘は蔣介石と決別し、汪兆銘が日本と和平交渉に入る」

と断言。今井は高宗武案を持ち帰って十一月十七日の陸軍省・参謀本部合同会議にかけ、満場一致で了承された。そこで軍務課長影佐禎昭が今井を帯同して上海へ飛び、高宗武に十一月

二十日、第二次近衛声明で述べた日本の和平決意を伝達して、

「中国は満州国を承認する。日本は賠償金を放棄する。日本軍は二年以内に中国全土より撤兵する」

ことを約した「日華協議記録」に調印した。さらに、行動計画として、

「汪兆銘は重慶を脱出して『反蒋介石と対日和平』を声明する。汪兆銘は雲南・四川の軍閥と協力し、汪兆銘が中国を代表して日本と和平を結ぶ」

ことが近衛、板垣、多田によって確認された。

ところがその直後、陸軍次官東条英機が東京九段の軍人会館で、

「支那事変の解決が遅延しているのは、ソ連・英米が支那を支援しているからである。支那事変の根本解決のため、ソ連・英米との戦争を決意し、準備しなければならない」

とぶち上げたのである（この発言は新聞各紙に「東条次官、断固たる決意で二正面作戦を準備」などと大々的に報じられた）。

板垣陸相は東条次官の暴論に激怒し東条に辞任を迫ったが、東条は、

「（即時停戦派の）多田参謀次長が辞任しない限り、自分は絶対に辞任いたしませぬ」

と抗弁、困った板垣は苦肉の策として、東条を閑職の航空総監へ左遷するとともに、多田を第三軍司令官へ異動させた。

非戦派の多田が参謀本部を追われたことは、陸軍和平派にとって大きな痛手となる。

「吾は苦難の道を行く」

一方汪兆銘は決心がつかず、脱出をためらった。近衛は手記にこう書いている。
「当時上海に影佐機関があり、これらが重慶にいる汪と連絡を取っていたのだが、いよいよ汪が重慶を出るから汪の出よい声明を出してくれと私にいってきた。では出そうということになり脱出の知らせを待った。しかし出る出るといいながら、なかなか出てこない。これは一杯食ったかと心配したほどだった」

昭和十三年も押し迫った十二月十八日、汪兆銘はやっと、重慶を脱出した。脱出にあたって汪は、蒋に宛てて長文の決別の書簡をしたためた。その末尾には、「君は安易な道を行け、吾は苦難の道を行く」と書かれていた。

汪が十二月二十日にハノイに到着すると二十二日、近衛は第三次近衛声明（善隣友好・共同防共・経済提携）を発表し、日華協議記録で示された和平条件を追認した。そこで汪は十二月二十九日、ハノイから重慶の蒋にすがるような思いで、

「第三次近衛声明を信頼して、日本との和平交渉に入るべき」との電報を送った。しかし蒋は汪の要請を拒否し、汪の副総統職を奪い、ハノイに刺客を送った（汪に間違われて側近らが射殺された）。

ともあれ近衛は、汪兆銘が脱出したことで日中和平工作が一段落したとして、昭和十四年一月四日に総辞職する。

第九章　包囲された日本

浮き草、汪兆銘

近衛内閣が総辞職すると内大臣湯浅倉平の奏薦により、枢密院議長の平沼騏一郎が昭和十四年一月五日に内閣を発足させた。陸相板垣征四郎は留任して引き続き汪兆銘工作に携わった。近衛は平沼と入れ替わって枢密院議長に就任するとともに、平沼を補佐すべく無任所相として閣内に留まった。だが枢密院では特段の仕事はなく、無任所相だから閣議への出席もなかった。

そもそも汪兆銘工作は陸相板垣征四郎、影佐禎昭大佐、今井武夫中佐ら陸軍軍人主導の和平工作だったから、平沼内閣は協力しなかった。また高宗武の、

「雲南・四川の軍閥たちが汪兆銘を支持する」

との約束は、実際は絵空事で、雲南・四川の実力者たちは誰一人として汪兆銘に協力しなかった。

高宗武は今井に昭和十四年二月、

「汪兆銘は日本軍占領下の南京に汪兆銘首班の親日新政権を樹立したい。ついては毎月三百万元を財政支援して欲しい」

と申し入れた。三百万元とは巨額（現在の約百三十億円）である。

このように汪兆銘側から出てくる話は、金の無心ばかりなのだ。

日本陸軍が中国大陸へ進攻すると、日本陸軍の厖大な軍事費に目を付けた怪しげな人物や集団が湧いてきて親日傀儡政権樹立を志願し、日本陸軍は迂闊にも彼らを厚遇して墓穴を掘るのだ。日本軍占領下の南京に日本の財政支援で樹立される汪兆銘新政府も傀儡政権というほかなく、彼らは「漢奸」と呼ばれ、処刑される運命にあった。

なお日本海軍は汪兆銘を疑問視し、諜報活動を通じて彼の行動を執拗に追った。

また香港総領事田尻愛義（あきよし）は「中国の世論は汪兆銘を評価せず」という厳しい報告を寄せた。

さらに上海駐在武官小野寺信中佐は影佐禎昭大佐に、

「汪兆銘は信用できない人物ですぞ。騙されぬよう」

と直言して、影佐と大激論となり左遷された。

そんななか平沼は昭和十四年三月、閣議で、

「汪兆銘を支持する勢力は皆無なので、日本は蔣介石と交渉して和平するほかない」

と述べた。すなわち平沼は、汪兆銘は中国に政治的地盤を持たない浮き草である、そんな男を陸軍がダラダラ厚遇しているから、蔣介石との和平交渉がまったく進まない、と批判したのだ。

「欧州の天地は複雑怪奇」

日本陸軍が中国本土へ深入りして満州の防備が手薄になると、石原莞爾が予言したとおり、ソ連軍が満州へ侵攻してきた。

ノモンハン事件である。

昭和十四年五月十一日、ソ連の支援を受けたモンゴル軍が満州国領のノモンハンへ侵入したため関東軍が反撃、激戦となる。

一方、ドイツはノモンハン事件中の昭和十四年八月二十三日、突如、宿敵ソ連と独ソ不可侵条約を締結して世界を驚愕させた。これにより日本陸軍が期待した、

「日独が協調してソ連挟撃態勢を作る」

といった甘い考えは根底から打ち砕かれた。

平沼は、

「欧州の天地は複雑怪奇」

との迷言を残し、同年八月二十八日、総辞職に至る。

平沼内閣が倒れると内大臣湯浅倉平の奏薦により、八月三十日に阿部信行が内閣を発足させた。阿部はかつて宇垣一成陸相の下で陸軍次官を務め、二・二六事件後の粛軍で予備役に編入

された陸軍予備役大将で、広い意味で宇垣派に属する中庸の人物である。

阿部内閣が発足してわずか二日後の九月一日、ドイツ軍がポーランドへ侵攻、これに対しイギリスとフランスが九月三日にドイツに宣戦布告して、第二次世界大戦が勃発する。するとソ連軍は独ソ不可侵条約を名目に九月十七日、ポーランドへなだれ込み、ポーランドの東半分を奪い取った。さらにソ連は十一月三十日、フィンランドへ「冬戦争」を仕掛け、翌昭和十五年（一九四〇年）三月にカレリア地峡などの国境地帯を割譲させる。かかるなか阿部内閣は、

「ドイツとの連携は米英との対立激化を招く」

として欧州戦争への不介入方針を掲げ、昭和十四年九月四日、

「日本は欧州戦争に介入せず。もっぱら支那事変の解決に邁進する」

と声明、また畑俊六陸相も陸軍省課員を前にして、

「いまこそ隠忍自重してこれ以上の行動は慎まなければならない」

と訓示し、日中戦争の早期解決を訴えた。

しかし阿部内閣は、農村の人手不足による生産力低下に未曾有の干ばつが重なり、米不足になって国民の不満が高まり、昭和十五年一月十四日、政党からも批判を受けてわずか四カ月で退陣する。

アメリカ艦隊、真珠湾へ

阿部内閣が総辞職すると海軍大将米内光政に大命が降下し、米内が昭和十五年一月十六日に内閣を発足させた。

米内内閣は汪兆銘の希望を容れて汪政権を承認、三月三十日に南京に汪兆銘政府が樹立された。しかし日本軍の傀儡に過ぎない汪兆銘を破格に厚遇したから、蒋介石との交渉は絶望的となった。汪兆銘と縁を切らない限り、蒋介石との和平は成立しないのだ。

この頃ヨーロッパでは、ソ連軍が昭和十五年（一九四〇年）六月にバルト三国（エストニア・ラトヴィア・リトアニア）を占領し、同月ルーマニアに対して最後通牒を発し、同国のベッサラビア地方を割譲させた。

ドイツ軍は同年四月にデンマークとノルウェーを、五月にオランダとベルギーを占領、さらに六月十四日にパリも占領、フランスはたまらず六月二十二日に白旗を掲げた。またこの戦況を見たイタリアが六月十日、ドイツ側に立って参戦する。

一方、アメリカ大統領フランクリン・ルーズベルトは、日本が支那事変という泥沼に足を踏み入れ、身動きできない状況に陥ると、

「いよいよオレンジ計画（アメリカ海軍によって策定された対日戦争計画）を発動して日本を

軍事征服するチャンスが到来した」

と蠢き出す。そもそもオレンジ計画は対日戦争を無制限経済戦争と位置付け、

「厳しい通商上の封鎖により、日本を完全な窮乏と疲弊に追い込んで、打ちのめす」

ことを基本理念に定めていた。そこでルーズベルトは昭和十四年（一九三九年）春、すなわち欧州大戦（第二次世界大戦）の五カ月前、アメリカ陸海軍統合計画委員会に、

「速やかに太平洋支配を固める作戦計画を立てるよう」

命じた。さらにルーズベルトは、ノモンハン事件勃発（同年五月十一日）から二カ月後の七月二十六日、日本に対して日米通商条約破棄を通告する。

ルーズベルトは欧州大戦勃発後も対日戦争計画を積極的に推進し、昭和十四年九月に対日戦争計画の策定作業を本格的に開始させた。

阿部内閣では外相野村吉三郎が日米通商条約を継続すべく交渉したが事態は改善せず、米内内閣でも外相有田八郎がアメリカとの関係改善に努めたが、事態は何ら好転しなかった。

ルーズベルトは頑なな性格の持ち主で、昭和十五年五月、日本海軍を挑発するかのように、アメリカ太平洋艦隊を米本土西海岸のサンディエゴ基地からハワイへ移動させ、そのまま真珠湾を母港化した。すると日本海軍は猛反発、アメリカ艦隊との決戦論が堂々と論じられるようになった（連合艦隊は航続距離の関係からサンディエゴ攻撃は不可能であったが、真珠湾攻撃は

可能であった）。

桐工作

陸軍は汪政権を樹立したものの、蒋政権と和平しなければ最終的解決につながらないと考え、米内内閣の昭和十五年二月十五日、蒋介石夫人宋美齢の実弟の宋子良を窓口とする和平交渉、すなわち「桐工作」に取り掛かった。この工作については昭和天皇も、

「桐工作が成功し日中和平が実現すれば陸軍は中国から撤兵し、関東軍を強化してソ連に備えることができる」

と期待を寄せたという。

ところが同年七月、米内のあとを承けて組閣（第二次）した近衛は「宋子良」を怪しみ、身元を調べさせた。近衛はこう記している。

「（私が蒋介石に親書を書き、それを宋が重慶に持って行くことになったが）その後重慶に連絡がついたのかつかないのか、ついても返事を寄こさないのか、一切

日本側が盗撮した「宋子良」

わからなくなり、宋子良は真物ではないという疑問さえ出てきた。こちらでも用心して、香港で彼が軍の要人と会見したときドアの鍵穴から写真を撮り、それを南京に持って行って汪兆銘に見てもらった。汪は似ているといっていたそうだが、何しろそれきり消息が絶えてしまったのだから、いまでは一つの笑い話みたいなものになってしまった」（『近衛手記』）

実は、宋子良を名乗る男は真っ赤なニセ者で、その正体は抗日テロ活動を行なう特務機関「藍衣社」に所属する曽広というスパイだった。桐工作は成功すべくもなく、昭和十五年九月、暗礁に乗り上げ、日中和平の道はまたも閉ざされてしまう。

かかるなかアメリカは、日米通商条約を一方的に破棄すると次に、石油・屑鉄を除く兵器・弾薬・工作機械等を輸出許可制とするなど、じわりじわりと日本軍を追い詰め始める。

このような重苦しい空気のなかヨーロッパ戦線でドイツ軍が破竹の進撃を見せると、日本国内で「ドイツに倣え」「バスに乗り遅れるな」といったドイツ礼賛論が湧きあがり、日独伊三国同盟論が急浮上する。

第十章　運命の日米交渉

自滅した政党政治

話が前後するが、米内光政内閣が三国軍事同盟に反対したため陸軍から見放され行き詰まると、国民の間から近衛の再登板を求める声が澎湃として湧き上がってきた。この頃、近衛は記者たちと雑談し、

「人気というものは、あてになりませんよ。映画スターの人気みたいにすぐスタれます」

「近頃私のところに出入りする人々は私の気に入りそうな話を持ち込み、手を変え品を替えて私を喜ばすことばかりやるので、うんざりしている」

「自分に対して善悪をはっきり直言してくれる人が欲しいと探しているが、思わしい人がいない」

などと再登板をにおわせる発言をしている。

そして六月二十四日、近衛は次のように声明して枢密院議長を辞任する。

「内外未曾有の変局に対処するため新党を結成し、挙国政治体制を確立すべく決心したので議長を拝辞する」

この発言が報じられると各政党は新党入りを目指し、競って解党に向かった。七月には政友会、社会大衆党、国民同盟が、八月には民政党、第一議員倶楽部が解党、これによって明治以

来の日本の政党による議会政治は完全に姿を消すことになった。近衛人気恐るべし、である。

七月十七日、米内が辞職したので、内大臣木戸幸一（湯浅倉平は病気により昭和十五年六月一日に退任）が首相経験者・枢密院議長による重臣会議を開いたところ、全員が一致して近衛を推したため、近衛に大命が降った。このとき近衛は、

「まず陸相・海相・外相を先に決め、首相・陸相・海相・外相による四者会談により国防・外交の根幹を定め、そののちに残余の閣僚を任命する」

として、陸相に東条英機、外相に松岡洋右、海相に吉田善吾を選んだ。

第一次近衛内閣において、対中和平派の外相宇垣一成が「宇垣工作」を進め、陸相板垣征四郎も独自に「板垣工作」に取り組んだが、対中強硬派で統制派の陸軍次官東条英機が、

「陸軍は、蒋介石を無条件降伏に追い込むためには、ソ連・米・英との戦争を辞さない」

と声明し、「宇垣工作」も「板垣工作」も潰してしまった。

陸軍は統制派が支配しており、近衛としても陸相は統制派から採るしか、選択肢はなかったのである。

日独伊ソ四国同盟

近衛は陸相候補東条英機、海相候補吉田善吾、外相候補松岡洋右の三人と、組閣三日前の七月十九日、荻窪の自邸荻外荘(てきがいそう)で四者会談を行ない、内閣の基本方針を次の如く定めた。

「日独伊との連携を強化し、ソ連とは国境不可侵協定を結ぶ。イギリス・フランス・オランダ等の植民地を東亜新秩序(のちの大東亜共栄圏)に含めるため積極的な処理を行なう。アメリカとの無用な摩擦は避けるが、東亜新秩序建設に関する限り、アメリカの実力干渉は排除する」

この方針に基づき近衛は昭和十五年七月二十二日に内閣を発足させた。

だがわずか三日後の七月二十五日、アメリカは近衛内閣を牽制するかのように、石油と、日本が大量に買い付けていた屑鉄の対日輸出を制限したのである。石油がなければ連合艦隊は動けなくなり、屑鉄がなければ陸軍は兵器を造ることができなくなる。

そこで大本営政府連絡会議は対策を協議、二日後の七月二十七日に次の「時局処理要綱」を定めた。

「速やかに支那事変を解決し、好機をとらえて南方問題を解決する。実施要領として独伊との結束強化及び対ソ国交調整を行なう。アメリカに対し公正な主張と厳然たる態度を持するが、摩擦を増やすことは避ける。蘭印(オランダ領インドネシア)に対して外交的措置により重要資源確保に努めるが、必要な場合は武力を行使する。戦争の相手はイギリスに局限するよう努めるが、対米開戦の準備も遺憾ないようにする」

ここに、南進策の基本路線が敷かれた、といえる。

これを受けて近衛は茶の湯仲間の小林一三（いちぞう）商工相を八月から蘭印に派遣し、七十三万トンの石油買い入れ契約を交渉させたが、アメリカが裏から蘭印政府に圧力をかけたため、契約はまとまらなかった。

かかるなか、三国同盟問題が急浮上する。

海軍は親米英の立場から、米内内閣でも三国同盟に強硬に反対したが、結局、陸軍統制派によって米内内閣は潰されてしまった。

だから第二次近衛内閣も、三国同盟を拒否すれば、前内閣の轍を踏むことは、誰の目にも明らかであった。

そこで第二次近衛内閣は日独伊三国同盟を推進することとし、松岡洋右外相は、

一、将来の世界はアメリカによるブロック、ソ連によるブロック、ドイツによる西欧ブロック、日本による東亜ブロックに分かれるだろう。

二、そこでアメリカを牽制すべく、日独伊三国同盟を締結する。

三、次に日ソ間を調整し、日ソ中立条約を締結する。
四、そして日独伊にソ連を加えた四国同盟でアメリカに対抗し、日米開戦を阻止する。

との方針を固めた。近衛もこの構想について、

「独ソは不可侵条約を結んで友好関係にある。そこで日独伊三国同盟を締結し、さらにソ連と結び、日独伊ソ四カ国の提携で米英に対抗すれば、対米開戦を回避することができる」

と考え、松岡に同調した。

一方東条ら陸軍統制派は、

「支那事変は和平交渉でなく、断固たる軍事力で蒋介石を屈服させて解決する」

ため、援蒋ルート（蒋介石政権を援助するための米英による物資輸送道路）の約五割を占める仏領インドシナ（現在のベトナム及びラオスなど）を経由する仏印ルートを遮断すべく、北部仏印進駐を目論んでいた。

やがてフランスがドイツに降伏すると、松岡は駐日フランス大使アンリに対して、

「フランスの仏印における主権を容認する代わりに、日本軍は北部仏印へ進駐する」

ことを認めさせ、日本陸軍は九月二十三日、北部仏印へ進駐し、直ちに援蒋ルートを遮断したのである（アメリカはこの三日後の九月二十六日、屑鉄の日本への全面禁輸を発表）。

松岡洋右の熱弁

ドイツ空軍は昭和十五年八月から英本土への爆撃、いわゆる「バトル・オブ・ブリテン」を開始したが、英空軍の抵抗により英本土上陸作戦が困難となったばかりか、アメリカがイギリス側に立って参戦する可能性が高まってきた。そこでヒトラーは独日軍事同盟により日本をアメリカと戦わせて、日本をドイツの弾丸よけに使おうと考えた。ドイツもなかなかに狡猾なのだ。

九月九日、ドイツ特使スターマーが来日し、松岡外相に対して、

「ドイツはアメリカが参戦しないことを望んでいる。日本がドイツと連携してアメリカを牽制することが、独日両国にとって有益である。独日の断固たる態度こそが、アメリカの参戦防止につながるであろう。日本が軟弱・微温的態度を取れば、アメリカの侮辱を招き、危険に陥るだろう」

と警告し、

「ドイツがアメリカから攻撃されたら日本はドイツ側に立って自動的に参戦するよう」

言葉巧みに誘導、さらに、

「ドイツは日ソ国交調整について正直な仲介人になる用意がある」

と餌をチラつかせた。すると松岡は、

「ドイツの仲介で日ソの国交調整が実現すれば、ソ連による北からの脅威を取り除ける」

と早合点して、まんまとスターマー案に食いついたのである。

松岡はさっそく九月十二日の四相会議（首相・外相・陸相・海相）で三国同盟締結を主張したが、海相及川古志郎（吉田善吾の後任）が「日本の自動的参戦義務」を嫌って反対姿勢を崩さず、態度を明らかにしなかった。

そこで松岡は二日後の大本営政府連絡会議で、

「日独伊三国同盟を結べば日本はアメリカとの戦争に巻き込まれるかもしれない。しかし、ドイツの提案を蹴って三国同盟を拒否した場合、ドイツがヨーロッパの覇者となってアメリカと提携すれば、全世界は米・独・英・仏による白人グループの支配するところとなって、日本は物資の調達が不可能となり、孤立してしまう。

また独伊及び米英と結ぶ『全方位外交』も不可能ではないが、その場合、支那事変の処理はアメリカの言いなりになって、東亜新秩序建設は行なえない。日本は、永久に、米英に頭を下げ続けることになる。

たしかに米英に与すれば、物資の調達には苦しまぬが、一体全体、日本は米英からどんな目に遭わされるかわからぬ」

と熱弁を振るった。

熱意は人を動かすというが、この松岡の熱弁に、これまで三国同盟に反対してきた海相及川古志郎が賛成に転じた。

海軍の突然の変身に驚いた近衛が海軍次官の豊田貞次郎中将に理由を尋ねると、豊田は、

「海軍はアメリカと戦って勝てる確信はない。だから海軍の本音は三国同盟に反対です。しかし海軍がこれ以上、三国同盟に反対することは政治情勢が許さないから、賛成するのです」

と正直に答えた。これに対して近衛は、

「政治判断は我々政治家が行なう。海軍は政治判断でなく純軍事的立場から三国同盟を検討し、アメリカとの戦争に自信がないなら三国同盟に反対するのが、国家に対する忠義ではないか」

と反論したが、豊田は、

「いまとなっては海軍の立場を諒承されたい。このうえは三国同盟を結んでもドイツ側に立って参戦することがないよう、外交で対応するしかないと思います」

と述べた。

近衛は内心では三国同盟に反対だったが、自分は手を汚さず、海軍が陸軍と論争してくれることで三国同盟が立ち消えになることを願っていた。しかし、それは虫が良すぎた。三国同盟の交渉が進むなか、海軍だけが反対を貫けば、戦争熱に浮かされた世論から袋叩きにされるこ

とは目に見えていたのだ。

かくして三国同盟締結案は、九月十六日の閣議で了承されたのである。

「ヒトラーは危険人物」

次いで九月十九日、主要大臣と統帥部首脳が出席して皇居で御前会議が開かれる。まず、弁護士にして司法大臣も務めた法曹界の重鎮、枢密院議長原嘉道（よしみち）が松岡外相に、

「三国同盟は米国を敵とする同盟である。独伊は、三国同盟を喧伝することにより、米国の欧州戦線への参戦を阻止しようとしている。いま米国は、英国に代わり東亜の番人として、日本に圧迫を加えているが、日本を独伊側へ追いやらぬよう、かなり手控えている。しかし三国同盟により日本の親独姿勢が明白になれば、アメリカは日本への圧迫を強化し、蔣介石を援助して日本の支那事変遂行を妨害するだろう。いまだ独伊に宣戦していない米国は、徹底して日本に経済圧迫を加え、日本への石油・屑鉄を禁輸し、日本から物資を購入せず、長期にわたり日本を疲弊させ、日本が戦争できないよう図るのではないか」

と鋭い質問を発した。これに対して松岡は、

「日本が支那の全部、少なくとも半分を放棄すれば、アメリカと一時的に握手することはでき

るかもしれない。しかし将来も、アメリカの対日圧力はやむものではない。ルーズベルト大統領は野心家で、何を企むかわからない。いまアメリカの対日感情は極端に悪化していて、わずかの機嫌取りくらいで回復するものではない、我々の毅然たる態度だけが、対米戦争を避けしめ得るのである」

と答えた。

次に原は、

「アメリカは自負心の強い国である。従ってわが国の毅然たる態度の表示がかえって反対の結果を促進することがないだろうか」

と質した。

松岡は、

「なるほどアメリカは一時硬化するかもしれないが冷静に利害を計算し、冷静な態度に立ち返るべしと考えられる」

と答えた。

その後、いくつかの質疑応答があったものの、結局、三国同盟は承認された。

この会議の模様を杉山は日記に、

「ほとんど外相の一人芝居」

と記している。

だが枢密院での審議は大荒れとなる。国家間の条約案は枢密院で諮詢される必要があるので、原が三国同盟案に反対する枢密顧問官らを結集、巻き返しに出たのだ。果たして九月二十六日、三国同盟案が枢密院に付議されると、枢密顧問官深井英五（元日銀総裁）は、

「条約前文に『万邦をしてその所を得さしむ』とあるが、かつてヒトラーは『弱肉強食は天地の公道なり』と揚言した。わが国とドイツは思想観念が相反するではないか」

枢密顧問官石塚英蔵（元台湾総督）は、

「ドイツとの条約は、経験上、十全を期し難し。政府はドイツの誠意を期待し得るのか」

枢密顧問官石井菊次郎（元外相）は、

「ドイツは最も悪しき国で、ドイツと同盟を結んだ国は、すべて不慮の災難を受けている。ヒトラーは危険少なからぬ人物である。ドイツは、わが国と日独伊防共協定を結んでおきながら、それと明らかに矛盾する独ソ不可侵条約を結んだことからわかるとおり、条約を一片の紙としか見ていない」

などと政府を追及、激論は八時間に及んだ。

けれども三国同盟案を枢密院が否決すれば近衛内閣は総辞職となるため、米英への刺激を防

止する手段を政府が講じることを条件に政府案は承認され、昭和十五年九月二十七日に、正式に調印された。

西園寺公望、逝く

三国同盟成立に国民は沸き立った。

翌二十八日の朝日新聞は「いまぞ成れり、歴史の誓い」の大見出しを掲げ、外相官邸で催された三国同盟成立祝賀会の模様を次のように報じている。

「『天皇陛下万歳！』『ヒトラー総統万歳！』『ムッソリーニ総帥万歳！』――降るような星月夜、露もしめやかに落ちる麹町三年町の外相官邸には感激の声がこだました二十七日の夜であった。三国同盟締結の夜である。

まさしく歴史に残るこの夜の情景――決意を眉宇に浮かべて幾度か万歳を唱えて誓いの杯をあげる日独伊三国の世界史を創る人々、紅潮する松岡外相の頬、高く手をあげて『ニッポン！ニッポン！』と叫ぶオットー独大使、大きな掌で固い握手をしてまわるインデルテ伊大使、条約の裏に密使として滞京中のスターマー独公使がきょうは覆面を脱いでにこやかに杯を乾す。世界転換の夜の感動であった」

この日、近衛は皇居で陪食を賜わったのち、天皇に誘われ、二人で庭を散策していた。そのとき天皇が突然、次のように語る。

「三国同盟が結ばれることになったね。国民もさぞ難儀することだろうね。この重大な時期に総理はどこまでも自分と苦楽をともにするか」

と。

近衛はこのとき、

「ハッとして、目頭が熱くなるほど感激した」

と記している。

日独伊三国同盟が締結されるとアメリカは「日本はドイツと軍事同盟を結んだ敵国」と見て烈しく反発し、十月八日には極東在住アメリカ人婦女子に引き揚げを勧告。十月十六日には選抜徴兵法を成立させ、三日後の兵員抽選式で青年八十万人を選抜した。アメリカは一気に戦争モードに突入したのである。

表舞台から姿を消し、病床にあった西園寺は日独伊三国同盟が調印されたことを知ると、

「まあ馬鹿げたことだらけで、どうしてこんなことだろうと思うほど馬鹿げている……日独伊三国同盟で英米を敵にまわしたことは、外交上の大失敗だ。陸軍がこんなふうに勢いをふるっ

ているときには、何ともしようがない。近衛がもう少し敢然とやってくれるといいのだが……」

と嘆いたという。

これを聞いた近衛は、「そいつは困ったな、自分が行ってお話しよう」といったが、果たせないまま、西園寺公望は十一月二十四日に死去した。享年九十二。日比谷公園で壮大な国葬が行なわれた。近衛は西園寺を追悼して、次のように述べた。

「西園寺公は強い人であった。実に所信に忠実な人であった。そして徹底した自由主義・議会主義であった。

自分は思想的にいろいろ遍歴をした。社会主義にも国粋主義にもファッショにも魅かれた。各種の思想・党派の人々とも交友を持った。

しかし西園寺公は徹底していた。終始一貫して自由主義・政党主義であった。

自分はナチ化はあくまで防いだが、大政翼賛会（近衛新党）というわけのわからないものまで作ってしまった。

が、やはり西園寺公の政党政治が良かったのである。これ以外に良い政治方式はないかもしれない。識見といい勇気といいやはり西園寺公は偉い人であった」

スターリンの抱擁

日本とソ連の関係は、松岡の、

「日本は三国同盟と日ソ中立条約を締結し、日独伊ソ四国の同盟で、アメリカを牽制する」

との基本構想において、重要な位置付けにあった。

加えて、第二次近衛内閣が南進策を採り、

「外交により南方の重要資源確保に努めるが、必要な場合は武力を行使する」

との方針を固めると、北方からの脅威を取り除くため、ソ連との提携の重要性が改めて認識されるようになる。

ドイツとソ連はすでに昭和十四年八月に独ソ不可侵条約を結んでいる。その後、ドイツ外相リッベントロップが昭和十五年十一月十二日、ソ連外相モロトフに、

「独ソ伊日の四カ国で世界を分割して、相互の勢力圏を尊重しようではないか」

と持ちかけたところ、好感触を得た。従って三国同盟を結んだ日本が日ソ中立条約を結べば、日独伊ソの四国同盟が成立する。松岡はこうした情勢を踏まえて、

「日独伊三国同盟と日ソ中立条約による日独伊ソ四カ国の提携を強化する」

ため欧州歴訪に出発、ベルリンでヒトラーと、ローマでムッソリーニと会見を行ない、両国

との親善に努めた。

また松岡は、往路と帰路にモスクワに立ち寄り、帰路の昭和十六年（一九四一年）四月十三日にはスターリンと会談し、日ソ中立条約を締結した。

ちなみに、松岡がモスクワ駅から帰京する際には、極めて異例なことに、スターリンがわざわざ駅頭に出て、松岡を抱擁したという。

日米諒解案

話は五カ月前にさかのぼる。アメリカの郵政長官フランク・ウォーカーの使者としてウォルシュ司祭とドラウト神父が来日し、近衛の取り巻きの一人、井川忠雄（産業組合中央金庫理事）に、近衛とルーズベルトによる日米首脳会談を持ちかけた。近衛首相はこの話に強い興味を示し、井川忠雄と陸軍省軍事課長岩畔豪雄（いわくろひでお）大佐を訪米させた。彼らは、岩畔を中心にウォルシュ司祭も関与して、昭和十六年四月十六日に、いわゆる「日米諒解案」を作成する。するとこれを読んだハル国務長官は同日、野村吉三郎大使に、

「日米諒解案は日米交渉の基礎となり得る」

といって頷いた。日米諒解案とは、

一、日本軍は中国から撤兵する。中国は満州国を承認する。蒋介石政権と汪兆銘政権は合体する。日本は中国を併合しない。賠償も請求しない。以上の条件が満たされればアメリカ大統領が蒋介石に和平を勧告する。

二、日本が武力による南進を行なわないことを保証すれば、アメリカは日本の南方資源調達に支援と協力を与える。

三、新たに日米通商条約を締結し、日米両国の通商関係を正常化する。

四、これらが承認されれば、近衛・ルーズベルト首脳会談をアメリカで開催する。

というものである。

日米諒解案が四月十八日に日本へ打電されて来ると、近衛首相、東条陸相、武藤章陸軍省軍務局長、岡敬純海軍省軍務局長らがこの案に賛同し、野村大使に、「日本政府は日米諒解案を歓迎する」と返電することになった。

日中戦争は泥沼化し、和平工作はすべて手詰まりとなっている。陸海軍の本音は外交交渉による日米戦争の抑止であり、日米戦争は何としても避けたかったのだ。そのようなときに、「アメリカが日中和平を仲介し、日本軍が中国から撤兵し、中国が満州国を承認する」

という朗報が舞い込んだのだから、陸海軍首脳は狂喜した。

近衛もかつて、

「持たざる国日本は、英仏米の植民地を解放してその天然資源を調達する権利がある」

と主張したことがあるが、奇しくもこの日米諒解案は日本の南方資源調達、日米通商関係正常化など近衛の主張を、ほぼ容認しているのだ。だから近衛にとって、

「日独伊三国同盟・日ソ中立条約による日独伊ソ四カ国でアメリカを押さえ込む」

という危険を冒す必要が、もはやなくなったわけである。

ところが外務次官大橋忠一が、このとき松岡が欧州歴訪中だったことから、

「日米諒解案への返電は、松岡外相の帰国を待ってからにすべき」

と、待ったをかけた。

実は大橋は松岡から「自分の外遊中に決して新たな動きを起こしたりしないように」と釘を刺されていたのだ。

結局、日米諒解案受諾の返電は外相帰国後、ということになった。

四月二十二日、帰国した松岡は、立川飛行場からの自動車のなかで大橋から報告を聞くとたちまち不機嫌になった。日米諒解案は松岡を外して作成されたうえ、松岡の、

「日独伊ソ四国の提携で、アメリカを威圧する路線」

を否定する内容だったからである。

同日夜、松岡は大本営政府連絡会議に出席すると、

「日米諒解案の内容は日本にとってあまりにも都合のよい条件で埋まっている。こんなものにアメリカが本気で同意するはずがない。これについては一カ月か二カ月ぐらい、慎重に考えなければならない」

といい放つとそのまま退席してしまい、それっきり、病気と称して自宅に引きこもってしまった。

困惑した近衛は、日米諒解案賛成を速やかにアメリカへ返電すべく使者を出して松岡を説得したが、松岡は頑として反対し、近衛を甚だしく失望させた。アメリカで首を長くして返事を待っていた岩畔は堪りかね、

「最近、アメリカから送った乾物は早く料理しないと腐る恐れがある」

と松岡に直接電話したところ、松岡は、

「焦るな、野村にも急ぐなと伝えておけッ」

と突っぱねた。

そうこうするうち、結局アメリカがしびれを切らし、六月二十一日、日米諒解案は自然消滅してしまった。

独ソ開戦

ところが翌日の昭和十六年六月二十二日、独ソ戦が勃発する。ドイツはソ連に、「日ソ関係改善を斡旋する。日独伊とソ連の四国で相互協力を確立しようではないか」と持ちかけ、その舌の根が乾かぬうちに独ソ不可侵条約を破って、ソ連へ侵攻したのである。

もっとも、ソ連も四年後の昭和二十年八月九日、中立条約を破棄して、日本を裏切る。このように、国際条約を一片の紙きれとしか見ていないドイツやソ連という不誠実な国々との同盟を基礎として日本の安全を確保しようとしたところに、松岡外交の限界があったといえよう。

その日、松岡はたまたま来日中だった汪兆銘を歌舞伎座に招待し、閣僚らと「修善寺物語」を観劇していた。そこに外務省から電話が入った。ドイツ軍が国境を越えソ連軍を攻撃した、という知らせである。すると松岡は慌てふためいて外へ飛び出していった。松岡はその足で宮中に参内し、ソ連攻撃を天皇に進言したのである。

この話が伝わると、海軍の間から松岡への反発の声が上がる。

アメリカの輸出規制により石油などの重要資源の欠乏が深刻化し、資源調達に苦慮する日本海軍は、重要資源確保を目指して南方へ進出する南進論に傾き、重要資源の産出地である南部仏印（現在のベトナム南部）への進駐を強く希望していたのだ。南進論なら日独伊三国同盟にも日ソ中立条約にも違反しない。しかも南部仏印は英領マレーやシンガポールを睨む軍事上の要地であった。

そこで近衛は、松岡の北進策を退け、昭和十六年七月二日の御前会議で、海軍が主唱する南進策すなわち南部仏印進駐を決定し、海軍の顔を立てた。

松岡外相更迭

そもそも日米諒解案でアメリカが提示した条件は、三国同盟と日ソ中立条約により日独伊ソの四カ国に攻撃されることを嫌ったアメリカが日本に、

「ドイツと離縁し日独伊三国同盟を空洞化させるなら、日本を厚遇しますよ」

と秋波を送ったものだった。ところが独ソ戦の勃発で、

「日独伊ソ四国の同盟でアメリカを屈伏させる」

という松岡構想は根本的に破綻してしまう。

実はこのときが、潮目の変わり目だった。国際政治の一寸先は闇なのだ。だから近衛は変わり身の早さを見せて、日独伊三国同盟を空洞化して、日米交渉を妥結しようと考えたのである。

これこそが、藤原鎌足以来千三百年、権謀術数渦巻く京都で変化に備えて布石を打ち、二股・

三股・裏切り・暗殺など変幻自在に幾多の政変を乗り切ってきた上級公卿ならではの発想なのだ。

しかもこれは正しい選択であり、日本がドイツと手を切り、米英ソ陣営に奔って生き残る、最後のチャンスだったのである。

しかるに松岡は、独ソ戦勃発で自身の構想が破綻したにもかかわらず、反米路線に突き進んだのだ。

かくして近衛は、ついに松岡の更迭を決意する。けれども近衛が内閣改造により松岡の首をすげ替えれば、松岡が、

「総理はアメリカの圧力に屈して、自分を解任するつもりか」

と抵抗する懸念があった。それに、松岡を外相に起用した自身の任命責任もある。

ちなみに戦前の内閣制度では各国務大臣は天皇に直属しており、首相は閣僚の首班に過ぎず、天皇が親任した閣僚を罷免する権限を持たなかった。閣内で意見の相違が生じれば閣内不一致で総辞職しなければならない。そこで近衛は松岡を解任する目的で、

「変転極まりない世界情勢に善処するため、一大刷新の必要がある」

と声明して昭和十六年七月十六日に第二次近衛内閣を総辞職させた。太平洋戦争開戦の五カ月前のことである。

第十一章　開戦は不可なり

南部仏印進駐

近衛は昭和十六年七月十八日、新外相に豊田貞次郎海軍大将を起用して、第三次近衛内閣を発足させた。第二次近衛内閣の海軍次官だった豊田は、海軍が三国同盟賛成に転じた際、近衛に、

「アメリカと戦って勝てる確信はない。海軍の本音は、三国同盟に反対である。このうえは三国同盟による軍事上の参戦義務が生じないよう、外交上の手段で防ぐほかない」

と語ったことがあった。近衛は戦争回避を望む豊田を外相に任じて、日米和平を成し遂げようとしたのだ。

一方アメリカは、日米諒解案が自然消滅した昭和十六年六月二十一日、「日本はドイツ側に立つ敵国である」と見なし、第三次近衛内閣が発足した昭和十六年七月十八日、大統領ルーズベルトは、日米が開戦した場合、アメリカ軍爆撃機（B17）が中国大陸から発進して東京・大阪・京都・横浜・神戸を奇襲爆撃するという陸軍の作戦に、承認を与えた。

第二次近衛内閣は南進策を決定した際、フランスのヴィシー政府（ドイツの傀儡政権）に南部仏印への進駐許可を求めていたが、ヴィシー政府は第三次近衛内閣が発足した三日後、日本

の圧力に屈し、南部仏印進駐を認めた。

するとアメリカ国務次官補アチソンとイギリス外相ハリファックスは、

「日本が南部仏印進駐を実行したら、米英は共同して対日経済制裁を行なう」

と発表、国務次官ウェルズが七月二十三日、駐米大使野村吉三郎に、

「日本が（石油を求めて）南部仏印進駐を強行するなら、重大なる結果を招くことになるだろう」

と警告した。アメリカは徹底して、日本の石油入手を妨害したのである。

さらに大統領ルーズベルト（民主党）は七月二十五日、在米日本資産の凍結を断行する。このため日本は外貨を使えなくなり、海外から物資を輸入することができなくなった。この処置について前大統領フーバー（共和党）は戦後、

「ルーズベルトは対ドイツ参戦の口実として日本を対米戦争に引きずり込んだのだ」（『裏切られた自由』）

と批判している。

七月二十八日、ヴィシー政府の承諾を得た日本軍は南部仏印への上陸を開始する。日本軍は、

「南部仏印に進駐しても、北部進駐のときと同様、米英は攻撃してこないだろう」

と考えていたが、これは油断だった。

また、七月三十日に近衛と会見した幣原喜重郎は次のように記している。

「昭和十六年夏、近衛公から面会を求められて会ったところ、近衛公は『南部仏印に出兵することになり一昨日船は出航した』と言われた。そこで私が『船を引き戻すことは出来ないか』と言ったところ、近衛公は『御前会議で決定したことなので覆すことは出来ない』と言った。そこで私は『それなら断言するが、これは大戦争になります』と言った。それを聞いた近衛公は驚愕し、顔面は蒼白になった」(『外交五十年』)

ルーズベルト、対日石油禁輸を宣言

実は欧米列強にとって、日本海軍が進出しようとした南シナ海こそ、「海の地政学」における最重要海域であった。だからアメリカはフィリピンを植民地にし、イギリスがシンガポールを、フランスがベトナムを、オランダがインドネシアを領有したのだ。南シナ海は太平洋とインド洋をつなぐ結節点だから、南シナ海を制する者が東西のパワーバランスを制するといわれてきた。

対日オレンジ計画を策定した米海軍のアルフレッド・マハン大佐は、

「アメリカは海軍力により世界一の帝国になるべきである。海の地政学の根幹は南シナ海の制

と力説した。だからアメリカは一八九八年、スペインに米西戦争を仕掛けてフィリピン、グアムを奪い、同じ年にハワイ王朝を倒し、南西太平洋及び南シナ海を支配したのだ。

マハン大佐の、

「世界を支配する『海の地政学』の最重要海域は南シナ海である」

との指摘はアナポリス（海軍兵学校）やニューポート（海軍大学校）で学んだアメリカ海軍軍人なら、誰でも知っている常識だった。ところが日本の海軍軍人は「海の地政学」をまったく理解していなかった。軍事的無知とは恐ろしい。

日本人で、かろうじて、

「海の地政学の最重要海域である南シナ海へ進出すれば、アメリカの虎の尾を踏む」

と警戒していたのは、幣原喜重郎くらいだった。

余談に逸れるが、二十一世紀になっても南シナ海の重要性は変わっていない。現在、南シナ海を通過する日本を含む各国の貿易量は、金額で年間三兆三千七百ドル、すなわち南シナ海は世界の海運の約五割を担っているのだ。従って南シナ海が波立てば、日本の存立基盤はたちまち揺らぐことになる。だが軍艦三百五十隻を保有して南シナ海の領海化を目論む中国海軍に対して、日本のシーレーン防衛力は極めて貧弱である。

ルーズベルトは、日本軍が南部仏印への上陸を開始すると、四日後の昭和十六年八月一日、ついに対日石油輸出の全面禁止に踏み切る。

日本軍にとって、石油全面禁輸は想定外だった。文字通り「油断」というほかない。太平洋戦争は事実上、この日をもって開始されたのである。近代の戦争は発砲によってではなく、経済封鎖によって始まるのだ。

当時、日本の石油備蓄量は八百万トンで約二年分しかなかったから、戦争となれば一年半で底をつく。従って日本の選択肢は、「アメリカの要求を全面的に受け入れて降伏」するか、「開戦して武力で蘭印の石油を奪う」しかない。

こののち真珠湾攻撃（昭和十六年十二月八日）まで四カ月間にわたり日米交渉が続けられるが、アメリカには、日本が中国・仏印から撤兵しない限り和平に応じる意思はなく、交渉は、「日本の備蓄石油を枯渇させるため、時間稼ぎをした」

というに過ぎない。

繰り返すが、日本征服を狙ったアメリカのオレンジ計画は、対日戦争を無制限経済戦争と位置付け、

「厳しい通商上の封鎖により、日本を完全な窮乏と疲弊に追い込んで打ちのめす」

との基本理念を定めていた。特に軍艦の燃料が石炭から石油へ転換した大正十一年（一九二二年）以降、対日作戦の基本方針は「日本に石油を入手させない」であった。

すなわちアメリカ海軍は日本とインドネシア、マレーシアとの連携を遮断して、「（日本の石油入手を妨害し）日本艦隊をフィリピン海へおびき出し、全滅させる」ことを狙っていたのだ。だからルーズベルトは対日石油禁輸声明後、

「日本は仏印の次に、蘭印へ向かうだろう。それは、日米開戦を意味する」

と語ったのである。

近衛は日米首脳会談を模索

ところがここに来て、「日米首脳会談」が急浮上する。

対日石油禁輸に衝撃を受けた日本海軍は、

「アメリカは交渉するふりをして日本の備蓄石油が底をついたところで、戦争を仕掛けてくるだろう」

と予想した。これは正しい判断だった。

やがて、実際に戦場で戦う佐官級の海軍軍人らが一日も早い対米開戦を堂々と主張するよう

になる。またアメリカの石油禁輸を機に、ＡＢＣＤ包囲網（アメリカ、ブリテン、チャイナ、ダッチによる対日経済封鎖）を打破せよという世論が燃え盛り、日本は反米一色、まさに開戦前夜の様相を呈するようになる。

危機感を募らせた近衛は八月四日、先に米側が提案していた、ルーズベルトとの直接会談で事態を打開する決意を固め、野村大使を通じてハル国務長官に日米首脳会談を申し入れた。近衛は決断に至った理由を、次のように述べている。

「余は日米間の危局打開に心をくだいていたが、ついに自ら大統領と会見しようという一大決心を固めるに至った。そして八月四日夕、初めてこれを陸海両相に打ち明けた。余の話は左の如くである。

一、米国は会談は続けたいと言っているくらいで、この際尽くすべきことは尽くすことが我々の義務であると考える。今日までの日米の話し合いの裏には、種々誤解もあり、また感情の行き違いもあり、双方の真意が徹底しておらぬ恨みがあり、このまま進んで戦争に入るということは、世界の平和の、特に日米の国交をもっとも御軫念遊ばさるる陛下に対し奉りても、また国民に対しても、為政者として申し訳ないことと考える。尽くすだけのことは尽くしてついに戦争となるというのならば、これは致し方がない。その場合には我々の肚も座り、国民の覚悟も決まる。欧州戦争前にイギリスのチェンバレンが、再三ヒットラーと会見するために大陸に赴いたことは、結果から見てヒットラーに騙された形ではあるけれども、英国民の覚悟を決めさせる上には相当の効果があったと思われる。

一、この際は全く危機一髪のときであって、野村大使らを通じての交渉では時宜を失するおそれあり、むしろ総理自ら大統領と会見の上、帝国の真意を率直大胆に披瀝すべし。その際彼にして諒解せざれば、席を蹴って帰る覚悟を要するはもとよりなり。従って対米戦争の覚悟を決めて、かかる事柄で、大統領と直接会ってついに諒解を得られなかったということであれば、国民に対しても真に日米戦争やむを得ずとの覚悟を促すことになり、また一般世界に対しても、侵略を事とするのでなくして、太平洋平和維持のためにこれだけ誠意を披瀝したのであるということがはっきりわかって、世界世論の悪化を幾分にでも融和し得る利益がある。

一、大統領のホノルルに来ることは、最初の諒解案にもあることとなるをもって、必ずしも実現不可能と思わない。また話し合いも必ずしも最初よりこれを絶望視する要なし。米国は九カ国条約（日本の中国進出を牽制する条約）を楯としておるので、この両者（日米）は相容れない。しかしながら米国も、『合法的なる方法による九カ国条約の改訂には何時でも相談に乗る用意あり』とも言っておるし、また一方、日本の理想の全部を一挙に実現するということは、今日の国力の上から見て無理なのであるからして、日米の話し合いというものは双方が大乗的立場に立って話をすれば出来ないことはないと考える。

一、この会談は急を要する。何となれば独ソ戦の見透しとしては、大体九月には峠が見える。もし今日、一部の人の予想する如く戦争が膠着すれば、ドイツの将来は楽観を許さない。かかる形勢となった場合には米国の鼻息も強くなり、日本からの話などは寄せつけないことになる。逆に独ソ戦がドイツに有利に展開するとしても、この会談は日本にとって大なる不利をもたらさない。ドイツの日本に対する感情の冷却するおそれはあっても、ドイツの世界制覇とか、ドイツの対米英完勝はあり得ず、従って日独の関係は如何様にも転向の途はあり得る。ゆえにこの際は独ソ戦が有利な場合は深く心配するの要なく、むしろドイツに不利となる場合を考えて、一日も早く米国に手を打つことが急務であると考える。

一、しかしながら問題は、何でも米国と話し合いをつければよいということではない。話し合いをつけることに急なるのあまり媚態となり、屈服となってはならぬことはもちろんである。要するに尽くすだけのことは尽くす、そして出来なければやむを得ない。尽くすだけのことを尽くすということが、対外的にも必要であると考えるのである」(『近衛手記』)

近衛文麿の決意

ちなみに近衛はこのとき、盟友の伊沢多喜男(枢密顧問官)に、

「大統領に会ったら支那撤兵を提議し、大統領が了解したらその場で、陛下に電信してご裁可を得て、直ちに調印してしまうつもりでいる」

と打ち明けた。驚いた伊沢が、

「それは陸軍を騙すことになる。暗殺されるかもしれないぞ」

と忠告すると、近衛は、

「生命は失ってもいい」

といった。さらに伊沢が、

「生命を失うだけでなく、近衛はアメリカに国を売ったと、公爵家の名誉さえ奪われてしまうぞ」

と説得したが、近衛は、

「それでも構わない」

と答えた。

このときの近衛の覚悟について、陸軍統制派のなかでもアメリカに対して最も強硬だった田中新一参謀本部作戦部長は、戦後、

「近衛公の考えは、どんな譲歩をしてでも日米妥結を図る。それには直接、允裁を仰ぐという非常手段をとる。近衛公の決心は、国を売ったと言われても戦争は避けるということであった」

(『大本営陸軍部大東亜戦争開戦経緯』)

と述べている。

また筒井清忠帝京大学教授は、

「近衛が最後は日米戦争の回避に全力を尽くしていたことは間違いない。それは、それまでの近衛に対するあらゆる非難を帳消しにしてしまう頑張りぶりであった……(近衛は)長男をアメリカに留学させるほどの親米家の面を持っており、一九三四年に訪米してルーズベルトらに会ってから七年しかたっていなかったのである。しかもアメリカの国力の巨大さは二度にわたる訪米でよく確かめていた。近衛が日米戦争の回避に努めたのは当然のことであったともいえよう」(『近衛文麿』)

と評している。

近衛は八月六日朝、参内して天皇に決意を奏上、天皇から、

「米国の対日石油禁輸の情報もあることとなれば、大統領との会見は速やかなるべし」

との督促を蒙ったのである。

近衛を嵌めたルーズベルト

ちょうどその頃ルーズベルトはイギリス首相チャーチルと、英戦艦「プリンス・オブ・ウェールズ」にて大西洋上で会談をしていた。両首脳はドイツと日本の侵略を非難する大西洋憲章を発表し、さらに両者は「対日戦争は米英が協力して戦う」ことを確認し合った。

ルーズベルトは、チャーチルとの会談を終えてから三日後の八月十七日に野村駐米大使と会談し、

米英会談中の「プリンス・オブ・ウェールズ」、のち日本海軍航空隊が撃沈

「日米首脳会談の場所はアラスカのジュノーではどうか。時期は十月中旬にしよう」

といって気を持たせた。ルーズベルトは日本の備蓄石油が枯渇するまでの時間稼ぎをしているのだ。真に受けた野村大使は近衛に、

「この機を逸せず果敢に応酬すべきである」

と電信、これに対して近衛は直ちにルーズベルト宛てに、

「大所高所より日米問題を論議し、これによって急激に進展する時間に対処しよう。会見実現の一日も速やかなることを希望する」

旨、返電した。

このメッセージは野村大使によって八月二十八日、大統領に直接手渡された。ルーズベルトはメッセージを読み、「非常に立派なもの」と大いに賞賛したのち、

「近衛公とは三日間会談する予定だ」

と野村に語り、大いに乗り気の色を見せたという。

八月二十九日、この報告が東京に到着、近衛はさっそく陸軍、海軍と訪米の人選に取り掛かった（副使は重光葵（まもる）、随員は土肥原賢二陸軍大将、吉田善吾海軍大将が選ばれた）。軍部、とりわけ海軍の喜びは大きく、横浜港に海軍が徴用した客船「新田丸」を横付けし、第五戦隊も待機させ、近衛一行を乗せていつでも出発できる態勢を取ったほどだった。

一方陸軍側も、日米会談を見据え、田中新一作戦部長が部下の瀬島龍三大尉に、中国戦線から兵力（八十五万人）を一斉に引き揚げさせる作戦を検討するよう、命じたという。瀬島はのちに、

「（日米）戦争にならずに別の道が開けるかも、とほっとした」

と述べている。

青天の霹靂

近衛は会見地に着き次第、アメリカ国民に向かって次のようなメッセージを発する予定だった。それは、

「誤解と感情と、第三国の策動とによって、太平洋を射的場とするようなことがあっては、この大洋を挟む両大国は、世界史の上に心にもない汚点を残すことになる」

と戦争回避を謳い、さらに、

「私は腹を割って、平和と人道のために語り合いたいと思っている。私の信念は、率直にして賢明なるアメリカ国民にも必ず通ずるものがあると信じている」

と、会談にかける意気込みを示す内容であった。

ところが九月三日夜、突如ルーズベルトは野村大使を招致し、首脳会談拒否を伝達したのだ。近衛にとってまさに青天の霹靂であった。

ではなぜ、ルーズベルトは豹変したのだろうか。近衛は、

「政府が一生懸命交渉をやっている一方、軍は交渉破裂の場合の準備をどしどしやっていたからだ」（『近衛手記』）

と陸軍のせいにしている。しかし米国務省の日本専門家バランタインは九月に大統領に提出した意見書で、

「近衛との会談は日本軍の行動を遅らせるかもしれないが、イギリス・中国の反対意見も考慮しなければならない。独ソ戦でソ連の抵抗が長引けば、日本が米国に近づく可能性があるから、こちらから首脳会談に飛び付くことは得策でない」

と進言していたのだ。

ただ米議会では「近衛の提案を受け入れた方がよい」という意見もあった。共和党の指導者だったハミルトン・フィッシュは次のような、近衛を擁護する言葉を残している。

「非常な平和愛好家である首相の近衛文麿は、ワシントンかホノルルに来てもよいからルーズベルト大統領と会談したい、と繰り返し要望していた。彼は戦争を避けるためには、米国側の条件に暫定協定の形で同意する意見であったが、ルーズベルトは、すでに対日戦争及び対独戦争を行なうことを決意していたというだけの理由で、日本首相との話し合いを拒否した」

またマッカーサー（共和党）も、

「ルーズベルトは一九四一年に日本側が模索した近衛文麿首相との日米首脳会談を行ない、戦争回避の努力をすべきだった」

と述べている。

近衛と東条の応酬

ルーズベルトの会談拒否回答を受けて九月六日、御前会議が開かれ、

「米英に対して外交の手段を尽くし、最少限度の要求貫徹に努め、交渉期限を十月上旬に区切り、この時期までに日米交渉妥結の目途なき場合は、米・英・蘭に対し開戦を決意する」

との帝国国策遂行要領が決定された。

ルーズベルトに首脳会談を蹴られた近衛は、それでも事態の窮迫を憂慮し、この日の夜、駐日アメリカ大使グルーと会談し、戦争回避のための首脳会談を再度申し入れた。だが国務長官ハルは中国・仏印からの全面撤兵、三国同盟離脱などの原則論を唱え、あらためて近衛の申し入れを拒否した。グルーは戦後、

「(近衛)一人だけがエンジンを逆転させようと試み、生命をかけ、事実紙一重のところまでいきながらも、一生懸命に、勇敢にそれを行ない、日本と米国との友情を新しい方向に進ませることに努めた」(『滞日十年』)

と記している。

十月五日、ハルの回答を受けて、陸軍は陸軍省参謀本部合同会議で「外交の目途なし。速やかに対米開戦すべし」との結論を下す。

だが海軍は、アメリカに勝利する自信はなかった。

十月七日、海相及川古志郎が近衛に、

「海軍は日米交渉の継続を望む」

と申し入れた。このとき及川は「米英と戦えば敗戦必至」とまでは明言しなかったが、彼は常々近衛に、

「世界二大海軍国の米英（軍艦六百隻を保有、日本は二百五十隻）と同時に戦えば負ける」

とほのめかしていたのだ。

最後の決断を迫られた近衛は私邸の荻外荘に十月十二日、外相豊田貞次郎、陸相東条英機、海相及川古志郎、企画院総裁鈴木貞一の四人を招き対応を協議、その席で豊田が、

「駐兵問題（中国からの撤兵）で妥協できれば、日米交渉は妥結する」

と主張、近衛もこれに同意した。しかし東条は、

「すでに御前会議決定により兵を動かしつつある。統帥は国務の圏外にある。たとえ総理が開戦に反対しても統帥部の意見が優先する」

と反論した。東条は、

「首相や政府が所管するのは内政・外交のみであり、出兵・出師（すいし）などの軍事大権は天皇のみが持つ、と定めた帝国憲法における統帥権の規定」

を近衛に再確認させたのだ。近衛といえども、この鉄則には逆らえない。

そこで近衛は、

「『外交か戦争か、どちらかでやれ』といわれれば、『外交でやる』といわざるを得ない。私はアメリカとの戦争に自信がない。戦争で決着させるというなら、政権運営は、アメリカとの戦争に自信ある人にやってもらわねばならぬ」

といって内閣総辞職をほのめかした。だが東条も負けずに、

「駐兵問題は陸軍としては一歩も譲れない。退却を基礎とすることはできぬ。陸軍はガタガタになる。軍の意図するところは主張する。御前でも主張する」

と強硬論をぶち、結局、結論は出ず、閣内不一致の雲行きとなった。


「対米戦争に勝算なし」


二日後の閣議でも、近衛は日米開戦を回避すべく、

「（中国・仏印からの）撤兵問題に色つやを付ければ、交渉妥結の見込みがあると思う」

と発言し、海相に意見を求めた。けれども及川は、

「（近衛から事前に、海軍は戦争はできぬ、といってくれと頼まれていたにもかかわらず）総理

に一任する」

と逃げた。

一方東条は近衛に向かって、

「撤兵問題は心臓であります。米国の要求に屈服して撤兵することは、支那事変の成果を壊滅させ、満州国を、さらに朝鮮統治を危うくする。支那事変の数十万人の戦死者、数倍する遺族、数十万の負傷者、数百万の軍隊と一億国民が、戦場や内地で苦しんでいる。撤兵は退却である。駐兵は心臓である。譲歩に譲歩、譲歩を重ね、さらに心臓まで譲る必要がありますか。ここまで譲り、それが外交か。降伏です。すでにアメリカに譲歩し、支那に対し無賠償・非併合を声明しているのだから、せめて駐兵くらい当然のことです」

とまくし立てた。

陸軍大臣が撤兵を拒否した以上、日米開戦は不可避である。古川隆久日本大学教授は、

「戦争回避に向けての近衛の奮闘ぶりはすでによく知られており、ここでも確認したところである。それが失敗した原因は（陸軍と海軍が）自己の組織の維持を最優先したためである……統帥権を独立させ、議院内閣制に消極的な、大日本帝国の制度設計の問題性も指摘しなければならない」（『近衛文麿』）

と記している。

この頃、東条の側近、陸軍省軍務局軍事課長佐藤賢了(けんりょう)大佐が東条に、

「海軍は『対米戦争に勝ち目がない』と思っているのではないですか。自分が料亭に一席設けるから、一杯やりながら、くつろいだところで海軍側の本音を聞いてみたらどうですか」

と持ちかけた。佐藤はこの時点で「海軍は対米戦争に勝ち目がないと判断している」と見抜いていたのだ。だが東条は、

「国家の大事を待合（料亭）で決めろ、というのかッ」

と一喝した。それでも佐藤はひるまず、

「海軍はこれまで、対米戦のためと称して膨大な国費を使ってきたのだから、いまさら『戦争ができない』とはいえますまい。海軍の本音はどうなのか？　もし海軍が（対米戦に）勝つ見込みがないなら、国を滅ぼすことになる。だから彼らに『海軍の顔を潰さぬよう和平も考える』と話してみてはいかがですか」

と食い下がった。これに対し東条は、

「御前会議で本当の事をいえず、ドテラがけの宴席なら本音が吐けるという馬鹿な奴らと話し合う必要があるかッ」

と一蹴した。

また支那派遣軍総司令官畑俊六大将は、

「米国の要求を容れて、支那事変を解決し、支那から撤兵するのが得策である」

といって東条を説得。関東軍司令官梅津美治郎大将も、

「対米戦争は絶対に勝算なし」

と断言し、さらに石原莞爾も、

「石油を得るため、わが国の運命を賭して米国と戦争する馬鹿が何処にあるか、石油など（中国から撤兵して）米国と妥協すれば、いくらでも輸入できる」

と辛辣な口調で東条を罵倒した。

だが東条は断固として撤兵を拒否、ついに十月十四日、近衛と正面衝突する。

東条の捨て台詞

その日（十月十四日）、午前九時、官邸で近衛は、東条に向かって、

「自分は支那事変に重大な責任があり、この事変が四年にわたっていまだ決定を見ない今日、さらに前途の見透しのつかない大戦争に入ることは何としても同意し難い。この際、一時屈して撤兵の名を彼に与え、日米戦争の危機を救うべきである」

と説いた。だが東条は、

「米国に屈すれば彼は益々高圧的に出て、止まるところがないであろう。支那からの撤兵の問題は、名を捨てて実をとると言われるが、これは軍の士気維持の上から到底同意し難い」

と反論。

近衛は、

「伊藤・山県は日露開戦にあたって充分成算があったものと思う。明治天皇から『勝てるのか』との御下問に対し奉り、伊藤公は一カ年持ちこたえ、その間に第三国である米国に調停を頼みますと奉答したので、御安心あって開戦の御聖断となった。しかるに日米開戦すれば世界大戦となって第三国というものがなくなるのだから、国体ということを考えるとこれに飛び込むわけにはいかない」

と訴えた。

東条は、

「総理、あなたの論は悲観に過ぎる……人間、たまには清水（きよみず）の舞台から目をつぶって飛び降りることも必要だ」

と述べ、最後に、

「これは性格の相違ですなあ」

といって席を立った（『近衛手記』）。

これにより第三次近衛内閣は、閣内不一致のため、昭和十六年十月十六日に総辞職するに至った。近衛は辞表で次のように、東条への恨みを述べている。

「この際、隠忍して米国の要求を容れ、支那よりの撤兵が最善の策なりと信じ、東条陸相の説得に努め懇談四度に及ぶも陸相の承諾を得ることあたわず。万策ここに尽き、輔弼の重責を全う出来ず……」

なお細川護貞によると、近衛は辞任の二日前も徹夜で開戦阻止に取り組み、一案としてチャイナ・クリッパー（香港・サンフランシスコを結んでいた旅客機）でアメリカに渡り、私人の立場で大統領に会うことも、真剣に考えていたという。近衛の脳裏には昭和九年（一九三四年）に訪米したとき、ルーズベルトに歓待された記憶が残っていたのだろう。

それでも天皇は東条を選んだ

戦争回避を唱える近衛と即時開戦を訴える東条が対立し、閣内不一致で第三次近衛内閣が総辞職したのだから、天皇は、

一、近衛に第四次近衛内閣を組織させ、開戦反対の支那派遣軍総司令官畑俊六大将か関東軍司令官梅津美治郎大将を陸相に据え、中国から全面撤兵し、日米戦争を避ける。

二、東条に組閣の大命を降し、中国から撤兵することなく、アメリカと戦う。

の二つの選択肢のうち、どちらか一方を選ばなければならなくなった。

すると天皇は、東条を後継首相に選んだ。近衛が引き続き政局を担当すると思っていた東久邇宮稔彦王は東条首相の出現に驚き、日記に、

「東条は日米開戦論者である。木戸がなぜ開戦論者の東条を推薦し、陛下がなぜこれを御採用になったか、その理由が私にはわからない」

と暗に天皇を批判している。

なお木戸の回想によれば、木戸が東条を奏薦したとき天皇は、「虎穴に入らずんば虎子を得ず、ということだね」と宣べたという。

ただ天皇は、昭和十六年十月十八日に東条内閣が発足した際、東条に、

「十月上旬までに日米交渉妥結の目途なき場合は開戦を決意、との帝国国策遂行要領を白紙に戻して対米交渉をやり直せ」

との御諚を下している。だが、近現代史研究家の鳥居民氏は、

『白紙』は決して白紙ではなく、中国撤兵は『白紙』の外にあった。中国からの撤兵は絶対にしないという宮廷の意思があることを誰もが知っていた」(『近衛文麿「黙」して死す』)と指摘する。

日米開戦

東条内閣は日米交渉に臨む基本方針を再検討し、外相東郷茂徳(しげのり)が最終的な対米交渉案として(甲案及びそれが拒否された場合の乙案の)二案を作成した。

【甲案】日本軍は、支那事変解決後、仏印から撤兵する。華北・内蒙古・海南島以外は、和平成立後二年以内に撤兵、華北・内蒙古・海南島には和平成立後二十五年間駐留する。

【乙案】南部仏印に進駐した日本軍は直ちに撤兵する。アメリカは、日本資産凍結を解除し、日本が石油等重要物資を調達することを認める。

しかし国務長官ハルは甲案も乙案も拒否したうえで十一月二十六日、いわゆる「ハル・ノート」で逆に、

「日本陸海軍は中国・仏印から無条件全面撤退すべし。日本政府は日独伊三国同盟から離脱すべし」

と、厳しい条件を突きつけてきたのだ。

かくしてこれを最後通牒と見なした東条内閣は十二月一日、御前会議で対米英蘭開戦を決定、ハワイに向け出航していた連合艦隊が十二月八日、真珠湾を攻撃するとその日の正午、昭和天皇の開戦の詔勅がラジオから放送された。

真珠湾に向け続々と発艦するゼロ戦

「蒋介石政府がわが国に戦いを挑み東アジアの平和を乱したので、日中戦争となり四年もたった。重慶に移った蒋介石は米英の庇護をあてにして反省することなく、戦い続けている。一方、米英は蒋介石を支援して東アジアの戦乱を助長し、平和の美名のもと東洋征服の非道な野望をたくましくし、さらに軍備を増強してわが国に挑戦し平和的通商を妨害し経済的断交を行なって、わが国に重大なる脅威を加えている。米英は少しも協調精神がなく、むやみに事態の解決を遅らせ経済上・軍事上の脅威を増大してわが国を屈服させようとしている。ことここに至って、わが国は自存と自衛のため、決然と立ち上がるしかない……」（現代語訳）

天皇は、支那事変の延長として太平洋戦争に踏み切ったことを、内外に示したのである。詔勅が下った以上、陸海軍将兵には奮戦死闘する以外の選択肢はない。

東条は、昭和十六年十二月一日の御前会議で開戦が決定されたときの天皇の様子について、「憲法を解して、学者は天皇にはなんら責任はないと論じている。しかし自分は、大東亜戦争開戦前の御決断に至る間の御上の御気持ちを拝察して、陛下は皇祖皇宗に対し奉り、大きな御責任を痛感せられておる御模様を拝承した……臣下たる我々は、大東亜戦争に勝てるかどうかと云う事のみを考えたのであるが、御上はそれとは較べものにならぬ御責任のもとで御決断になったものと思う」（『東条内閣総理大臣機密記録』）

と述べている。

第十二章　近衛上奏文

山本五十六の予言

昭和十六年十二月八日朝、日米開戦が発表されると陸海軍将兵も国民も歓喜に沸いた。だが近衛は、冷静に敗北を予言した。近衛は、訪ねてきた細川護貞に、

「えらいことになった。僕は悲惨な敗北を実感する。こんな有様はせいぜい二、三カ月だろう」（『細川日記』）

と語る。また近衛は、近衛派の代議士内田信也に、まだ真珠湾攻撃は発表されていないにもかかわらず、

「今朝、ハワイを奇襲した筈だ。僕の在任中、山本五十六君を呼んで、日米戦について意見を聞いたところ、彼は初めの一年はどうにか持ちこたえられるが、二年目からは全然勝算はない、（日米開戦は楠木正成の）湊川出陣と同じだ、といっておった」（『風雪五十年』）

と話した。近衛文麿と山本五十六の会談は三度行なわれているから、山本が真珠湾奇襲を近衛にほのめかしていたとしても、不思議ではない。

もう一人、この頃近衛に会った近藤道生（みちたか）海軍少尉（近衛の次男通隆（みちたか）の友人、戦後、国税庁長官）は、こう回想している。

「開戦から二十日余りが過ぎた十二月三十日、前触れもなく箱根湯本にあった『萬翠楼福住旅

館』の夕食の席に（近衛から）招かれた。会食者は四人。『勝った勝ったとみんな舞い上がっているが、本当に困ったもんだねえ』。庭に臨む広い和室に端座して、近衛公が甲高い声で口火を切る……宿の浴衣（ゆかた）を着た近衛公は言った。『ハワイで軍艦を十隻や二十隻沈めたといって国民は舞い上がっているけれど、アメリカと戦いを始めたのはいかにもまずい。陸軍は私に対米交渉をやらせまいとするし、アメリカは最後になって中国大陸から一兵残らず撤兵しろとプリンシプルにこだわり、極めて挑戦的だった』。曲折はありながらも、対米英戦争の回避に腐心してきた公は、力及ばず軍部に押し切られる形でついに開戦となってしまったことを、どんな思いで受け止めていたのだろうか。口ひげを蓄えた端正な面立ちに、苦渋の色が張り付いていた」（『私の履歴書』）

緒戦こそ連戦連勝だったものの昭和十七年六月五日、海軍がミッドウェーで大敗、世界最大の空母「赤城」「加賀」及び「蒼龍」「飛龍」の四隻を一挙に失う。真珠湾で討ち洩らした敵空母にやられたのである。皮肉にも山本五十六の予想が、的中したのだ。

だが天皇の勝利への確信は揺らがず、軍令部総長の永野修身（おさみ）を召し、

「今回の損害は誠に残念であるが、軍令部総長には之により士気の阻喪を来たさざる様に注意せよ」

と励ましたという。

木戸幸一は日記に、

「（ミッドウェーの敗北にかかわらず）天顔を拝するに神色自若として御挙措平日と少しも異らせ給わず」

と書いている。

東条の脅し

近衛はミッドウェー海戦直後、ブレーンの吉田茂に終戦工作を命じる。この工作はヨハンセン（吉田反戦グループの略、憲兵の造語）と呼ばれ、軍部に警戒された。吉田はシンガポール占領とミッドウェー海戦を講和の好機と見て、昭和十七年六月十一日に木戸を訪ね、

「近衛公を和平交渉の全権大使に任じ、自分と樺山愛輔、池田成彬を随員としてスイスへ派遣すべし」

と直談判したが、相手にされなかった。

一方近衛は山本五十六戦死（昭和十八年四月）直後、岡田啓介海軍大将と会見、

「もはや太平洋戦争に勝ち目なし。敗戦は必至であり、これ以上の戦闘は無益である」

で一致した。

すると東条は近衛に、

「そのようなよからぬ事は御身のためによろしくない。おやめになったほうがよろしい」

と警告、近衛を戦争非協力者と見なし、憲兵の監視下に置いた。

戦況はアッツ島玉砕、イタリア降伏、マキン・タラワ失陥と悪化の一途をたどり、昭和十九年二月にはアメリカ機動部隊によって日本海軍の根拠地トラック島が空襲を受ける。これに衝撃を受けた東条首相兼陸相は同月二十一日、戦争指導強化のためと称して陸軍参謀総長を兼任したい旨奏上し、裁可を得た。しかし皇族、陸海軍、果ては右翼までが、「東条は統帥権をないがしろにした」として反発、東条打倒運動が広がり、活発化していく（秩父宮は東条に「天皇大権の干犯ではないのか」との質問状を送っている）。

なお三月十三日、近衛は和平派の若槻礼次郎、幣原喜重郎、吉田茂と会見、

「一刻も早く東条をやめさせて小林躋造（せいぞう）（海軍大将）を首相に、真崎甚三郎を参謀総長とする政権を誕生させるつもりだ」

と述べた。

七月七日、サイパン島の日本軍守備隊が玉砕する。

近衛はその五日前の七月二日、木戸に次の意見書を提出し、即時停戦を訴えた。

「サイパン戦以来、海軍当局は『連合艦隊はすでに無力化せり』といい、陸軍当局も『戦局好

転の見込みはない』といい、陸海軍当局の結論は敗戦必至ということで一致している。ただ、これを公言する勇気がないというのが現状である。そこで陛下が陸海軍首脳に下問して、敗戦必至の事実を確認し、陛下が終戦の詔勅を発するのが良い。サイパン島にアメリカ軍の空軍基地ができれば、わが本土はその爆撃圏内に入るであろうし、いつ本土上陸作戦が始められるかわからない。敗戦必至と見られるとき、見込みなき戦争を継続することは国体護持のうえから最も危険であり、即時停戦こそ緊要である」

近衛はすでにこの時点で、天皇の詔書による終戦を構想していたのだ。しかし木戸は、これを握りつぶしてしまう。

幻の東条英機暗殺計画

翌七月三日、近衛は山本有三を荻外荘へ呼び寄せる。山本によると近衛は、

「サイパン陥落は時間の問題らしい。アメリカは飛行場を作ってB29を飛ばし、日本本土を空襲するだろう。何も知らされていない国民がじつに気の毒だ。政局の一大転換のため東条を倒す必要がある。（自分が東条を）暗殺することも辞せず」（『濁流』）

と切り出したという。驚いた山本は、

「近衛は弱い人という感じが先に立つが、藤原家という家はそんな弱々しいもんじゃない。藤原家は千三百年の昔、『大化の改新』という暗殺によって功を立て名をなした家柄なのだ」

と改めて思い、近衛に、

「それじゃあ昭和の『大化の改新』をやろうってわけですか？」

と尋ねると、近衛はからだを乗り出すようにして、

「そう。そうなんだ。高松宮様をいただいて大転換を行なうつもりなんだ」

と語った。山本は、

「それでは藤原鎌足（近衛文麿）だけじゃあなくて、中大兄皇子（高松宮）もいらっしゃる。すっかり陣容が整ったってわけですね」

といって納得した。だがこの計画は東条退陣により、幻となる。山本によれば、次に会ったとき近衛は「軍人にやらせるつもりだった」とだけ語ったという。

山本有三と近衛

この頃、早期降伏を唱える高松宮と、戦争継続にこだわる天皇との間に、確執が生じた。細川は昭和十九年七月八日の日記に、

「高松宮殿下は最近、御上と往々御議論遊ばされ、先日も御上は『高松宮は解らなくて困る』と仰せあり。又、高松宮も『御上はなかなかお解りにならぬ』と仰せある等のことあり」

としたためている。

そもそも高松宮の早期降伏論は、

「直ちに降伏して追加犠牲を避けるべき」

というダメージ・コントロールである。

天皇の戦争継続論は、

「ここで降伏することは、これまでの戦死者に対して申し訳が立たない」

という感情論である。この場合、どちらの選択が正解なのか？

同月、高松宮は、

「一億玉砕なんてことはできはしない。玉砕精神ばかりで行こうというのは誤りだ」

と述べて天皇を不機嫌にさせる。

刀折れ、矢尽きた東条英機

サイパンが陥落して絶対国防圏の一角が崩壊すると、さしもの東条も倒閣運動に抗しきれなくなり、七月十八日に辞職した。

ちなみに、東条を暗殺する計画はいくつかあった。その一つは、石原莞爾が主導し大本営参謀津野田知重少佐と柔道家牛島辰熊が参加した青酸ガス爆弾による殺害計画だった。また海軍教育局長高木惣吉少将らが企図した機関銃による暗殺計画もあった。しかし東条が辞職したため、いずれも未遂に終わった。

東条内閣が総辞職すると、陸軍大将の小磯国昭が七月二十二日に内閣を発足させた。小磯は組閣にあたって天皇から、

「大東亜戦争の目的完遂に努むべし。ソビエトを刺激せざるよう着意するを要す」

との御諚を受けた。だが小磯は、

「戦況の現段階からすれば、米英支の撃滅は実現困難である。しかし一時的撃破くらいは可能かもしれぬ。それから和戦を決しても遅くはあるまい」（『葛山鴻爪』）

と考えていた。そこで小磯は、「陸軍はルソン島で、海軍はレイテ沖で戦う比島決戦にわが国の命運を委ねる」と決心する。

のちに天皇は、

「一度、『レイテ』で叩いて、米がひるんだならば、妥協の余地を発見出来るのではないかと思ひ、『レイテ』決戦に賛成した」（『昭和天皇独白録』）

と宣べている。

戦争指導者の一致した見解は、

「比島決戦に全力を尽くしたうえ、ソ連に和平の仲介を依頼する」

というものだった。ソ連に和平の仲介を依頼するというのは木戸幸一や広田弘毅ら重臣の一致した見解で、小磯が受けた御諚はこれを踏まえたものだったのである。

しかし小磯が海軍軍令部次長伊藤整一（のち「大和」特攻で戦死）に「レイテで必ず勝てるか」と問うたところ、伊藤は「とても勝ち目はない」と正直に答えた。伊藤は情勢を的確に判断していたのだ。

すでにオレンジ計画一九二三年版は、対日戦争の最終段階を、

「アメリカ艦隊は日本と台湾を結ぶ通商路を断ち、日本とインドネシア・マレーシアなど資源地帯を結ぶ大動脈（シーレーン）を破断する。追い詰められた日本は主力艦の出撃を余儀なくされるが、アメリカ艦隊は日本艦隊を最後の艦隊決戦へおびき出し、フィリピン付近で行なわれる大海戦で壊滅させ、日本を無条件降伏へ追い込む」

と予定していた。日本が雌雄を決する天王山と目したレイテ沖海戦は、アメリカにとっては、日本海軍に最後のトドメを刺す総仕上げの戦いだったのだ。

案の定、連合艦隊は昭和十九年十月のレイテ沖海戦で空母四隻、戦艦三隻、重巡洋艦六隻を

喪って壊滅状態となり、世界三大海軍の一角を占めた日本海軍は、ついに消滅したのである。

近衛上奏文

海軍が壊滅してしまったのだから、輸送船はアメリカ潜水艦に撃沈される、太平洋の島々に取り残された陸海軍将兵は米軍機の爆撃にさらされる、日本本土も空襲を受ける……。

昭和二十年に入ると戦況はますます凄惨の度を増し、天皇も「勝利はおぼつかない」と考えるようになった。

天皇は二月七日に平沼騏一郎、九日に広田弘毅、十四日に近衛文麿、十九日に若槻礼次郎と牧野伸顕、二十三日に岡田啓介、二十六日に東条英機をそれぞれ宮中に召し、戦争の見通しについて意見を聞いた。

近衛が天皇に拝謁したのは実に三年四カ月ぶりであった。このとき、近衛だけが上奏文を奉呈、そして即時降伏をはっきり主張した。

「敗戦は最早必至と思います。いま最も憂うるべきは敗戦に伴って起こるであろう共産革命です。内外の情勢は共産革命へ向かって急速に進行しつつあります。日本国民は赤化の危険を軽視する傾向が顕著ですが、これは皮相な見方です。やがてソ連が日本に内政干渉してくる危惧を感じます。国内では生活窮乏、労働者の発言の増大など共産革命のあらゆる条件が日々、具備されつつあります。米英に対する敵愾心の反面としての親ソ気分が生じています。国内外を通じて共産革命へ進むべき条件が日一日と成長しつつあり、今後の戦局は益々不利に傾き、この形勢は急速に進展するでしょう。戦局の前途に何か一縷でも望みがあるなら別ですが、勝利の見込みなき戦争をこれ以上継続するなら、日本は共産党の手に墜ちると危惧します。一日も早く、戦争終結の方途を講ずべきと確信する次第です」（現代語訳）

しかし天皇は、近衛の話に頷きながらも、

「もう一度、戦果を挙げてからでないと、なかなか終戦は難しいと思う」

と、いわゆる一撃講和論を持ち出した。これに対して近衛は、

「そういう戦果が挙がれば誠に結構ですが、陛下、そういう機会がございましょうか。私はアメリカと講和する以外に途はないと思います。降伏してもアメリカならば、国体を変革し、皇室をなくすようなことは、ないと確信いたします」

と切り返した。この近衛の忠言こそ、歴代天皇を支えてきた藤原摂関家の真骨頂であろう。天皇家は、藤原家の輔弼に支えられて、これまで永らえてきたのだ。

この昭和二十年二月の時点で、重臣のなかで、共産ソ連の影を感知していたのは近衛文麿だけだった。他の重臣たちはソ連を信用し、和平の仲介を依頼しようとさえ考えていたのだから

……。

戦後天皇は、

「近衛は極端な悲観論で、戦を直ぐ止めたがよいという意見を述べた。私は陸海軍が（二カ月後の）沖縄決戦に乗り気だから、いま戦を止めるのは適当でないと答えた」（『昭和天皇独白録』）

と宣べている。天皇には、近衛は軟弱な悲観論者に見えたのかもしれない。

一方、東条はこのとき天皇に、

「（近衛ら）知識階級の敗戦必至論はまことに遺憾です。空爆の程度もドイツと比べれば、ほんの序の口です。アメリカではすでに厭戦気分が蔓延しており、本土空襲はいずれ弱まるものと思われます。ソ連の対日参戦の可能性は低いでしょう。本土空襲くらいで日本国民がへこたれるなら、大東亜戦争完遂などと大きなことはいえません」

と、徹底抗戦論を主張した。

この時点で、近衛は戦争は敗けると予想し、東条は勝てると確信していたのだ。

結局天皇は、東条の徹底抗戦論を採用してしまう。

失望した近衛は側近の富田健治に向かって、

「日本は結局、最後まで行くことになるかもしれない」

と嘆息したという。

ヨハンセン事件

この二週間後の三月十日、三百余機のＢ29が墨田、江東などの下町一帯に大量の焼夷弾を投下する。東京大空襲である。この無差別爆撃で約十万人が焼死した。小学生は学童疎開により地方へ疎開していたが、学齢前の子供たちは空襲の犠牲となった。

三月十七日には硫黄島の守備隊が玉砕する。するとアメリカは硫黄島を、マリアナから出撃して日本本土空襲を行なうＢ29の不時着及び燃料補給の中継基地とし、さらに新鋭戦闘機を配備してＢ29を護衛させた。

フィリピン戦以降、何をするにも遅く、「木炭自動車」と揶揄された小磯内閣は四月一日、米軍の沖縄上陸を許し総辞職、四月七日に鈴木貫太郎内閣が成立した。この二日後、天皇は天佑神助を得るべく、高松宮に伊勢神宮への代参を命じた。しかし高松宮は、

「要するに戦争がうまくゆかぬ、国際関係が良くゆかぬ、内政上にも面白くないことがある、というバクとした事。そして今後戦局が良くなるようにと云うだけの事。また例のとおり同じことの繰り返しになり、神様にはそれでよいでしょうが、私には呑み込めぬ」

と天皇を批判した。

この年の四月、日米和平の仲介をイギリスに依頼すべく、日本海軍の潜水艦でイギリスに渡ろうとしていた吉田茂が、憲兵隊に逮捕された。ヨハンセン事件である。そのときの顛末は吉田自身が書いている。

「私が憲兵隊に連行されたのは、四月中旬頃のことであった。大磯の私宅から連れて行かれる自動車の中で、召喚される原因は、たぶん潜水艦の一件だろうと想像していた。ところが九段の憲兵隊での取り調べは、潜水艦のことにはいっさい触れない。

『二月に近衛公が内奏した詳細な内容を貴殿は承知しているはずだから白状しろ』

というのである。これにはいささか見当が外れた。しかし私はこの憲兵隊での取り調べでは、いっさい答えないことに肚を決めた。旧憲法ですら、親書の秘密が保証されていたから、内奏文の内容を話す必要はいささかもないと考えた。今流でいう『黙秘権』を行使したわけである。

しかし私がその後、牧野伯（岳父）に見せた上奏文の写しは、家宅捜索で憲兵隊に押収されたから、その内容は充分承知しているはずである。憲兵隊が最も聞きたがったのは、公が内奏後、陛下の御下問に際して何と奉答したか、また公と私が（前日の）深更まで何を話し、何を画策したかということだった……」（『回想十年』）

のちに判明したことだが、吉田家の女中も書生も、憲兵隊のスパイだった。特に書生は陸軍中野学校出身の筋金入りの諜報員だったらしい。吉田はこう記している。

「このスパイは大変な男で、私のところの任務を終えると、小田原の近衛公別邸の縁の下に潜り込み、マイクロフォンを仕込んで、座敷の会話をすっかり録音したという。

これは余談だが、終戦後にこの男がひょっこり（総理大臣になった）私を訪ねてきて、『戦争中はまことに申し訳ないことをした。不本意ではあったが、上官の命令でやむなくスパイをするようなことになって迷惑をかけた』と詫びるから、私は『与えられた仕事を忠実に実行したのだから、別に謝る必要はない』と激励して帰したことがあった。その後この男が就職の斡旋を依頼してきたので、『勤務ぶりまことに良好なり』と太鼓判を捺して、ある職場へ紹介してやった」（前掲書）

沖縄の戦い

沖縄戦には日本軍兵力八万六千人、アメリカ軍兵力二十三万九千人が参戦。日本軍の海空戦力はほぼ皆無で、アメリカ軍が圧倒的な制海権と制空権を保持していた。だから日本軍は本土決戦までの時間稼ぎ、すなわち「捨て石作戦」という持久戦以外の戦術は、立てようがなかった。

四月一日午前八時頃、アメリカ軍は艦砲射撃の援護のもと嘉手納海岸に殺到、正午頃、読谷飛行場と嘉手納飛行場を占領し、夕方までに兵員六万人及び戦車・車輌などの揚陸に成功する。

さらに四月三日にはアメリカ軍の猛攻により、日本軍は島の南北に分断されてしまう。

兵力に劣る日本軍は隆起珊瑚礁や天然の洞穴などを利用して、艦砲射撃にも耐えられる強固で堅牢な地下壕を張り巡らした。地下陣地は坑道で結ばれ、兵員移動や補給も容易で、出入口は樹木などで擬装されていた。日本軍はそこから不意にアメリカ軍の後方に出現して背後から攻撃する作戦だった。

日本軍（第三十二軍・軍司令官牛島満中将）司令部は首里城地下の総延長一キロ、深さ三十メートルの洞窟陣地に置かれていた。

第三十二軍高級参謀八原博道大佐の戦術は、戦車を先頭に進撃してくるアメリカ軍を前線の地下陣地からの少人数部隊の出撃で損害を与えつつ首里へ誘引し、首里付近で一気に反攻に出て敵を撃滅する、というものだった。このため日本軍は水際作戦も読谷飛行場も嘉手納飛行場も放棄し、アメリカ軍が沖縄本島を南北に展開することも、許したのである。

しかるに天皇は、四月三日に戦況を上奏した梅津美治郎陸軍参謀総長に、

「沖縄戦が不利になれば、陸海軍は国民の信頼を失い、今後の戦局憂ふべきものあり。現地軍は何故攻勢に出ぬか」

と督戦した。恐懼した梅津は現地軍に読谷飛行場と嘉手納飛行場の奪還を命じる。命令を受

けた第三十二軍は四月八日と十二日の夜、地下陣地から地上へ出て肉弾戦を敢行したが、大量の照明弾に照射され、猛烈な集中砲火を浴びて壊滅し、兵力は半減してしまう。このため従来の地下陣地に立てこもる態勢へ戻ったが、四月末頃には継戦能力はほとんど失われた。その後、首里付近でのシュガーローフの激戦で敵に大損害を与えたものの、健闘空しく、現地軍は六月十八日に大本営に訣別電報を打って敵陣に突撃して潰滅、牛島中将は六月二十二日、割腹して果てた（このわずか四日前には沖縄攻略軍最高指揮官サイモン・バックナー中将も戦死）。

「ずっと、ずっと帰りを待っていました」

終戦二カ月後の昭和二十年十月、二・二六事件後に予備役に編入され、郷里の奈良県西吉野村に隠棲していた退役中将堀丈夫は村人たちから、

「アメリカに負けることは早くからわかってたんでしょ。それなのになぜずるずると戦争を続けたんですかッ」

と糾弾された。このとき堀丈夫は毅然として、

「帝国陸海軍将兵は、大将から赤紙の一兵卒に至るまで階級のいかんを問わず、指定された戦場がいかに苛烈な所でも、自らの意志で一歩も退くことを許されず。陛下の御心のまま生命を

捨てて戦闘に従事するのである。眼前の敵のあの機関銃で撃ち殺されるとわかっていても、突撃を命令されたら、生命を捨てて突撃するのだ。陸軍将兵が全文を暗誦していた軍人勅諭には、『朕は汝ら軍人の大元帥なるぞ。上官の命令を承ること、朕が命令を承ることと心得よ。義は山嶽（さんがく）より重く、死は鴻毛（こうもう）より軽（かろ）しと覚悟せよ』

とある。これが軍人の本分なのだ」

といい放つと、気を呑まれた村人たちはすごすごと帰って行ったという。

夫が沖縄戦で戦死したことを上官だった伊東孝一大隊長から知らされた第二十四師団第三十二連隊第一大隊所属の田中幸八上等兵の妻輝子は、大隊長への返信に、悲痛な自身の思いを、次のように綴った。

「隊長様、本当に戦死したのでせうか。夫はもう帰らないのでせうか。ああ何も考えまい。すべてが天命です。姿は見えなくとも、夫はきっと生きている。私の心の中に強く強く生きています。そうして二人の子供の成長をきっときっと祈っていて下さる事を信じます。今後は心の夫に励まされ強く正しく生きる覚悟です。夫の出征当時は長男は四才、長女は二才でしたが、今では上は三年生、下は来年の入学を楽しみに待って居ります。二人とも、父の愛というものを知りません。今は何も知らず真っ黒になってはねまわっています。私は二人の子の父となり、母となり強く強く生きます」(『ずっと、ずっと帰りを待っていました』)

伊東大隊長二十四歳は、沖縄戦で米軍を苦しめることのできた数少ない指揮官である。日本降伏後も戦い続け、帰還後は戦死者の遺族全員に「詫び状」を送り、百歳で死去するまで、謝罪し続けた。

幻の勅使

天皇は沖縄陥落を機に降伏を決断し、六月二十二日、最高戦争指導会議を招集して、

「戦争の終結について、速やかに具体的方策を研究し、実現に努めるよう」

指示した。これによりソ連の仲介による降伏交渉が急浮上する。

この日、近衛は富田健治に、

「私は、日本をこのような敗戦に陥れた野心家ども、私を国賊扱いした軍人どもを、一大検挙

抗戦する伊東大隊に説得工作を試みる米軍兵士

して思い知らせてやりたい」（『敗戦日本の内側』）

と真剣な表情で語った。東大名誉教授の岡義武氏は、

「近衛は、太平洋戦争の勃発をいかにして回避しようとして、一方ならぬ苦慮を重ねた。それだけに、敗戦の必至となった当時の情勢を前にして、かつてわが国をこの大戦争に突入させた人々に対して怒りを新たにしたのであろう」（『近衛文麿』）

と記している。

鈴木内閣は和平の仲介をソ連に期待し、ソ連通といわれた広田弘毅が六月二十九日に駐日ソ連大使マリクに会見を申し入れ、日本側の提案を示した。それは、①不可侵協定を結ぶ、②その代償として日本は満州の中立化を図る、③日本は北方水域での漁業権を放棄する、という内容だった。だがこれについて佐藤尚武駐ソ大使は、「日本の潰滅が迫っているとき、こんななまやさしい考え方でソ連をわが方に引っ張るなどは、私の目にはいかにも児戯に類したこととしか思われなかった」と批判した。

案の定マリクは「モスクワに報告する」とだけいって、何のコメントもしなかった。

そこで鈴木内閣は、天皇の親書を携えた近衛を勅使としてモスクワに派遣することとし、佐藤尚武大使がその旨を七月十三日にモロトフ外相に申し入れたが、これにも返事はなかった。

一方スターリンは七月十七日、ポツダムでトルーマン（ルーズベルトは四月に死去）に、

「日本を安心して眠らせておくため、曖昧な対応をしてきたが、そろそろ目を覚まさせてやるつもりだ」

と耳打ち、翌日、ソ連外務次官ロゾフスキーは佐藤大使を呼び、

「近衛特使の件については目的が曖昧であり即答できない。ポツダム会談後の八月八日にモロトフ外相が直接返答する」

と伝えた。

これに不安を覚えた佐藤大使は東京に、次のように打電する。

「日本に有利な態度にソ連を仕向けることができるかどうかについて、私はとうていその望みはないと信じる。これは今日に始まった問題ではない。私がソ連着任以来三年間の経験に照らして、そのことはあり得ないと信じる。ドイツが滅亡した今日、ソ連としては何を苦しんで米ソ同盟を犠牲にしてまで、日ソ関係の改善を図ろうとするのか。今日においてはソ連に中立を維持させるのが関の山であり、このことさえ戦局の進展いかんによっては困難となることを、我々は常に覚悟していなければならない。ソ連が日本の弱みにつけこみ、突然態度を豹変して武力行使をしてくるようなことになれば、日本としてはもはやどうしようもなくなる。現状ではあらゆることを犠牲にしても、戦争終結の意志を示し、まずは国体を護持することが最重要であると思われる」

無条件降伏

かかるなかポツダム宣言が、七月二十七日午前五時（日本時間）に米西海岸のサンフランシスコから短波で放送され、日本側では外務省、陸軍、海軍の各受信施設が受信し、朝日新聞社、毎日新聞社、同盟通信社（現在の共同通信社及び時事通信社）が傍受した。

開戦の詔勅で述べられたとおり、日本はソ連ではなく米英に対して開戦したのだから降伏は、この七月二十七日の時点で、直接、米英に申し入れるべきだった。そうすれば広島・長崎への原爆投下も、満州へのソ連軍侵攻もなく、シベリア抑留も生じなかっただろう。

しかるに鈴木首相は記者会見で、

「日本政府は、ポツダム宣言を『黙殺』し、断固、戦争完遂に邁進する」

と声明、ロイターとＡＰがこの「黙殺（無視）」を「Reject（拒否）」と訳して報道してしまう。

すでに米英はソ連を通じて、

「天皇が一日も早く降伏したがっている」

ことを知っていたから、これには米英の指導者たちも驚いた。

天皇と首相らが空しくソ連の回答を待っていた八月六日、広島に原爆が投下された。

約束の八月八日、佐藤大使が回答を得るためモロトフ外相を訪ねると、モロトフは、

「わが国は日本と戦争状態に入る」

といきなり告げ、日本政府への宣戦布告文を手渡したのだ。その数時間後、ソ連軍は満州へ雪崩を打って侵攻、同時に、長崎に原爆が投下された。

すると近衛は鈴木首相に、ポツダム宣言の即時受諾を強く要請、さらに木戸を訪ねて天皇勅裁による終戦を説き、天皇に御前会議の開催を決心させたのである。『近衛文麿』の著者、筒井清忠帝京大学教授は、

「近衛の終戦実現にあたっての活動は目ざましく、木戸の後ろでネジを巻いた近衛なくして、この時期の終戦はならなかったかもしれないというほど貢献した」

と近衛を高く評価している。かくしてついに、終戦となった。

二度死んだ東条英機

昭和二十年（一九四五年）九月二日に戦艦「ミズーリ」にて降伏文書への調印が行なわれ、帝国陸海軍は降伏、日本は連合国の占領下に置かれることとなった。日本民族は有史以来、初めて独立を失ったのである。

占領軍は早くも九月、戦犯容疑者四十三名の逮捕令を出す。戦犯第一号は東条英機だった。しかし東条は戦犯とされることを拒絶し、米兵が自宅に来ると拳銃で胸を撃って自殺を図ったが、銃弾はわずかに心臓を外れた。マッカーサーは東条を侵略戦争の首謀者として東京裁判に出廷させ、絞首刑に処するつもりだったから、アメリカ人軍医たちに治療を命じ、東条は奇跡的に、蘇生する。

だが自殺に失敗した東条に批判が集中した。真崎甚三郎は翌日、「東条の自殺狂言」と題して、

悪党も、いまわの際に、覚るらん、早く唱えよ、南無阿弥陀仏

との歌を詠んでいる（『真崎甚三郎日記』）。

もっとも真崎自身も十一月に、A級戦犯として逮捕される。

昭和二十一年五月に始まった東京裁判で東条は、天皇免責の方針を固めた米側の意向に従い、「開戦は私の内閣において決意しました。天皇のご意思に反したかもしれませんが、私の進言、統帥部その他責任者の進言によって、しぶしぶご同意になったのが事実です」

と証言し、全責任を一身に負って、絞首台の露となって消えた。

しかし東条の孫娘、東条由布子氏は、次のように主張している。

「祖父英機の戦争指導宜しからずして敗戦に至った敗戦責任を国民に謝罪する。また英機の軍事能力からいって陸軍大将は過大との批判にも耳を傾ける。しかし英機を（石原莞爾が言うように）東条上等兵とか、（司馬遼太郎が言うように）集団的政治発狂組合の事務局長とは無礼に過ぎるであろう。英機は航空総監・陸相などを勤めた親任官である。英機を侮辱することは、陛下を侮辱するのと等しい。たしかに英機には軍人としての独創性はまったくない。並み居る優秀な陸軍将官のなかから英機が抜擢されたのは、英機が陛下の御意思に愚直なほど従順であり、陛下に忠実に軍務を果たしたからである。対米戦について、英機ら陸軍軍人が陛下の御意思に反して開戦したとはとんでもない間違いであり承服できない。英機は陛下と一体であり、陛下の御心を体し、陛下の御存念に基づき開戦したのである。大東亜戦争は陛下の御戦であり聖戦なのである」

東条に次ぐ戦犯第二号は、開戦時の海軍大臣、嶋田繁太郎海軍大将だった。嶋田は高輪の自宅で米兵に逮捕され、横浜に連行された。東条の自決事件を聞いた嶋田は、次は自分だろうと覚悟していたという。

同じ頃、東京牛込の第一総軍司令部で杉山元元帥がピストル自殺を遂げた。夫人も世田谷の自宅で、短刀で胸を一突きして、あとを追った（小泉親彦元厚相、橋田邦彦元文相も逮捕を拒否して自殺）。

困惑したマッカーサー司令部は米兵によるA級戦犯逮捕を中止し、戦犯のリストを日本政府に渡し、彼らの逮捕・拘引を委ねた。

近衛文麿の最期

近衛も戦犯に指定され、昭和二十年十二月十六日までに巣鴨拘置所に出頭するよう命じられた。

出頭期限の前日、近衛邸は、別れを惜しむさまざまな訪問客で混み合った。夕刻になると、弟の近衛秀麿子爵と水谷川(みやがわ)忠麿男爵夫妻（忠麿は近衛の実弟）、大山柏公爵夫妻（夫人は近衛の妹）、島津忠秀公爵夫妻（夫人は近衛の長女）、その他の親戚や旧友の後藤隆之助、山本有三、それに代議士の内田信也、ジャーナリストの松本重治らが続々詰めかけ、さすがに広い荻外荘も各部屋は人々で溢れていた。側近の富田健治、牛場友彦、細川護貞らは前夜から泊まり込んでいた。

山本は、巣鴨への出頭を阻むため、

近衛文麿最後の写真、
抱かれているのは斐子さん

「近衛に結核の疑いあり」

として入院させようとした。しかし近衛は首を振って、

「自分は病院へは行かない。巣鴨へも出頭せず、裁判を拒否する」

といった。これに対して山本が、

「それなら堂々と法廷に立って、天皇を守るべく、所信を披瀝すべきではないか」

と反論した。だが近衛は、

「自分が罪に問われている理由は日華事変にあると思うが、日華事変の責任の帰着を追究していけば、統帥権の問題になる。それは結局、陛下の責任ということになる。だから自分は法廷で所信を述べるわけにはいかない」

と答えた。

すると近衛の自殺を予感した後藤隆之助が興奮して、

「自殺未遂に終わった東条のようなぶざまなことのないようにしてもらいたい。なぜ死んでいくのか、その理由をハッキリ書き残してもらいたいッ」

といったため、場はしらけ、午後十一時頃、客たちは三々五々帰って行った。

去り際山本は、近衛の次男の通隆に、

「今夜、できる限りのことをお父さんから聞いて書き残しておきなさい。私は今夜は自宅にいるから、何かあったら、電話をしなさい」

といい残して、玄関を出た。

近衛家の女中たちが夜十二時頃、

「明日は朝が早いから、お手回りの支度はどうなさいますか」

と尋ねると近衛は、

「荷物なんか作らんでいい」

とぶっきらぼうな返事をした。

この意味を察した長女の昭子は部屋の隅で、目を赤くして泣いた。

通隆は拳銃や短刀などを探したが、見つからなかった。

千代子夫人は、

「お考えのとおりになさるのがよいと思う」

と、案外冷静だった。千代子は豊後佐伯二万石の藩主毛利高範の娘である。藩主というものは武運拙く落城となれば、城を枕に切腹しなければならない。降伏して敵方に斬首されるなど、最悪の選択である。

最後まで近衛のそばにいたのは通隆だった。

近衛は通隆に、

「文隆はソ連に連れて行かれてどうなるかわからんのだから、その場合は、お前が家を継ぐんだぞ。家事については富田に、財産に関しては小林（一三）に相談するんだぞ」

と諭した。そのとき通隆が近衛に鉛筆と便箋を渡し、「何か書いてください」と願うと、近衛は腹這いのまま通隆の前で、すらすらと鉛筆を走らせた。

「僕は支那事変以来多くの政治上の過誤を犯した。これに対して深く責任を感じているが、いわゆる戦争犯罪人として米国の法廷において裁判を受けることは堪え難いことである。殊に僕は支那事変に責任を感ずればこそ此の事変解決を最大の使命とした。そして此の解決の唯一の途は米国との諒解にありとの結論に達し、日米交渉に全力を尽くしたのである。その米国から今、犯罪人として指名を受けることは、誠に残念に思う。

しかし僕の志は知る人ぞ知る。僕は米国においてさえ、そこに多少の知己が存することを確信する。戦争に伴う昂奮と激情と、勝てる者の行き過ぎた増長と、敗れた者の過度の卑屈と、故意の中傷と誤解に本づく流言蜚語と是れら一切のいわゆる世論なるものも、いつかは冷静さを取り戻し正常に復するときも来よう。このとき初めて神の法廷において正義の判決が下されよう」

結局、これが遺書となった。

近衛が青酸カリをあおって自殺したのは、十六日午前三時頃とされる。書斎の電気は、一晩中ついたままだった。

翌朝、通隆が書斎に入ると、白い布団の上に白い着物を着た近衛が横たわっていた。床の間には檜の三方が据えられ、小さな盆の上には、一寸ほどの空になった茶色の小瓶が転がっていた。そして金屏風が、逆さまに立てられていた。

【寄稿】解説に代えて——風雪に耐えた近衛文書

隠された手紙

敗戦から八十年の星霜を経た今日、戦争を知らない戦後生まれが総人口の九十%を占める時代になった。わが国がアメリカと干戈を交えたことすら知らない若者（大人も？）も増えているという。もはや令和の日本では「国難」などという文言自体、すでに死語である。だがかつてわが国には、天皇から国民に至るまで、自分たちが拠って立つ国家が滅亡するという危機に直面したときがあったのだ。

本書の著者鈴木荘一氏は、これまでよく知られていなかった近衛文麿公爵が取り組まれた、和平への闘いの全貌を一冊に収めた。何よりもうれしいのは多くの人に本書が読まれることで、近衛文麿という人物を一から見直すきっかけが生まれることである。

さて私は、縁あって、近衛文麿公の末娘である山本斐子（あやこ）さんから、ある文書の写しを見せていただく機会を得た。

近衛公は華族の筆頭、近衛家の二十九代目の当主であり、本書にも述べられているように昭和十二年から昭和十六年の間に三たび、総理の重責を担った。その日本人離れした長身と端正な面立ちは一世を風靡する因となり、

「天皇の前で足を組んで話せる唯一の男」などの伝説も生んだ。京都帝国大学を卒業し、一時は社会主義に傾倒したともいうが、国民の期待が高まる一方で、公家の坊々（ぼんぼん）が汚辱に満ちた政界に足を踏み入れた、という印象もあったかもしれない。

遺された文書は、昭和十四年初頭、北京の燕京大学の学長レイトン・スチュアート氏（戦後、駐華米国大使）が近衛公に宛てた日中和平を促す手紙を訳したもの、それに昭和二十年五月、近衛公の秘書だった中山優（まさる）氏とスチュアート秘書の傅涇波（ふけいは）氏との終戦交渉のメモの写し、などである。

この鏡台に文書は封印されていた（編集部撮影）

文書は、斐子さんの母親のヌイさんが愛用していた三面鏡台から見つかった。鏡台には外からはわからないが、鏡と化粧台の間に筆箱ほどの隙間がくりぬかれていて、三面鏡を外すと小物や書類がしまえるように細工が施されていた。

敗色が濃くなった昭和二十年、軍部は近衛公の動きに神経を尖らせていた。そんな折り、近衛公が何かを隠したがっていたので鏡台の仕掛けを教えたら喜んだ、という話を母親から聞いた斐子さんは、「憲兵隊の家捜しに備えたのだろう」と思ったという。

同年四月十五日、これも本書に詳しく述べられているが、イギリスとの和平を工作していた吉田茂氏が憲兵隊に逮捕されると(ヨハンセン事件)、近衛公もその黒幕と目されて取り調べを受けた。戦争終結に心血を注いでいた近衛公は常に命を狙われる危険と隣り合わせであり、戦時にこれらの文書を明らかにすることは考えられなかった。また戦後にあっても、A級戦犯に指定されるなかで、とても公開できる状況ではなかったのだ。

近衛公は総理就任以前から対米和平を求める外交に取り組んだが、それにもかかわらずアメリカから戦犯に指定され、自ら命を絶った。遺族は一切弁明することなく、近衛公の真実の訴えを、無念の思いを、封印した。鏡台の文書も公けになることはなかった。日陰の身だったヌイさんも文書のことを口外せず、そのまま守り続けた。

昭和六十一年、ヌイさんが亡くなったとき、斐子さんは文書のことはすっかり忘れかけていたという。ところが平成十七年秋、斐子さんが都内の自宅を建て替えるため、母親の遺品を整理していたところ、それらの書類が鏡台の隙間から忽然と姿を現わしたのである。

文書は年代順に、四種類ある。

①昭和十四年初頭、スチュアート氏が近衛公に宛てた手紙。
②手紙に添えられていた陸軍中将への和平条件。
③昭和二十年五月二十五日、北京の傅宅での中山・傅会談のやりとり。
④同年五月二十九日、六国（りっこく）飯店での第二回会談のやりとり。

文書は全部で二十三枚。いずれも同一人物による筆跡であることがわかっている。詳細は後述するがその前に、文書の位置づけについて考えてみたい。

まず、和平工作に従事した軍人たちが手記などで、スチュアート氏を介しての和平工作があったと証言しているが、詳しく述べたものや、手紙などの物的資料は何一つ見つかっていない。次に、日本軍は日中戦争（支那事変）開戦以来、戦局打開のため桐工作、竹工作、菊工作、梅工作、蘭工作などさまざまな和平工作を行なったが、いずれも敗戦時にそれらの記録は焼却するなどして多くが失われている。

従って、終戦に直結する生々しい会話が記されているこれらの文書は貴重な証拠資料であり、しかも、スチュアート氏の手紙を併せて読むことによって、その内容をより明確に把握することができるのである。

以下に文書二十三枚を原文のまま（一部を除き、原則としてカタカナはひらがなで表記）示し、いささか説明を加えてみたい。まず、スチュアート氏の手紙から。

文書①　スチュアートからの手紙

一九三九年　J・レイトン・スチュアルト（J.Leighton Stuart）より近衛公に寄せし手紙の写し

近衛公閣下、未だ拝眉の機を得ざるも貴国に於ける貴下の卓越せる地位と、自由にして聡明なる閣下の政治的風格に対する敬仰（けいぎょう）の念よりして、吾等に関連せる現下の問題に対して敢えて一書を拝呈する。私は支那生まれの米国人です。長き間宗教と教育を通じて支那の福祉の為に働き支那人を愛敬するが同時に心から日支両国の親善を希（ねが）って居るものです。これは独り両国の共通の利益たるのみならず又関係第三国もこれを歓迎することと信じます。たとへそのため少し位自分達の利益を犠牲にされても。

現在の紛争は、少なくとも或程度相互の無理解より生じて居る。

日本は支那の排日感情乃至（ないし）排日煽動を撲滅せんとして戦って居ると思って居る。然るに一方支那は支那の独立とその存在すら脅かされると思って、如何なる愛国者にも当然なる防衛の為の戦争をしてゐると思って居る。

昨年末貴下の有名な近衛声明（無併合、無賠償を宣言した第三次声明）に於いて日本は何等

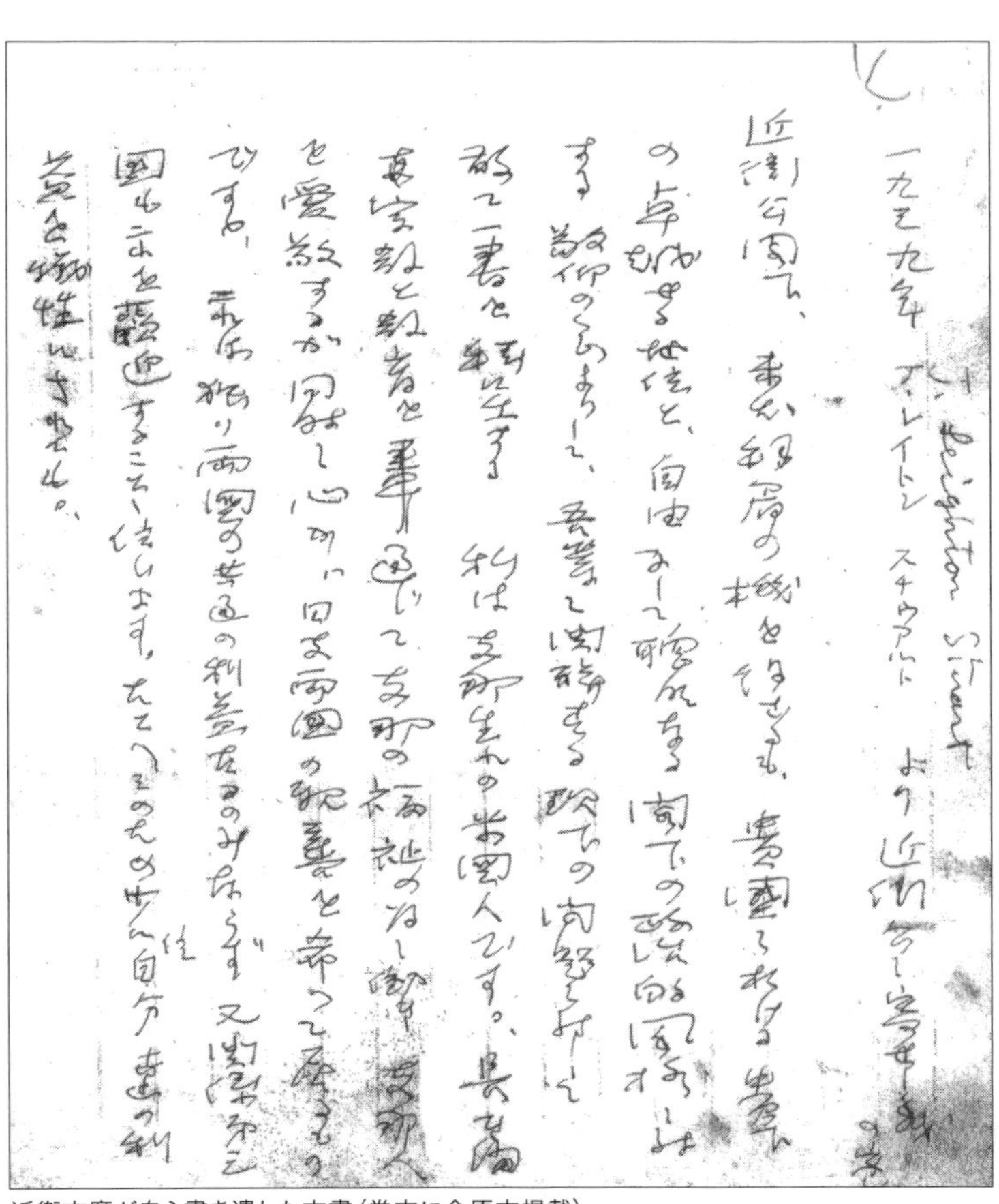

一九三九年 [illegible] スチュアート より近衛公に寄せし書翰の写

近衛公閣下、 未だ拝顔の機を得ざるも、貴国[illegible]

の卓越せる伝統と、自由にして聡明なる閣下の政治的[illegible]

[illegible]

敢て一書を呈上する 私は支那生れの米国人です。[illegible]

[illegible]

を愛敬するが同時に心から日支両国の親善を希って居るもの

です。 [illegible]両国の共通の利益なるのみならず[illegible]

国[illegible]することと信じます。[illegible]自分[illegible]の利

益を犠牲にせません。

近衛文麿が自ら書き遺した文書（巻末に全原本掲載）

支那の主権と独立を侵害する意志無しと公表された。然るに支那人は大抵日本は占領地に於ける軍事上の占領のみに止まらず、あらゆる生活の形式を支配するものと思い込んで居る。日本は共産党を排撃し、防共上の協力を提議して居るが、支那人はこれは支那内部の問題であって、支那の政府に一任すべきだと思って居る。防共の為に如何なる他国の軍隊と雖も駐在することは、却って平和生活の破壊となり漸く納まりかけた治安を激発するものと思って居る。日本は所謂親日政府（汪兆銘政権）を建設しこれと協同して居るが、これは支那側からみれば深刻許すべからざる日本の支配の軽蔑すべき一形式であり、凡そ支那人の目からみると彼等の承認せる政府を裏切った漢奸としか映じない。これ等は前述せる相互の無理解の一班である。その憂慮すべきことは、この無理解の傾向は日支両国がお互いにその動機と手段とに対する猜疑心を益解けがたきものにすることである。真の悲劇はこれが必要なくして、しかも益深刻になってゆく点にある。

　私の貧弱な、しかし確たる確信によれば、支那は日本の帝国主義的脅威に対する危惧の念を脱却したらその瞬間排日の行動を終熄し、且つ喜んで日本に必要な原料品と市場を提供するであろう。乃至は又互恵的な経済的合作の道をも講じ、且又共同の外敵に対し共同防衛の方法をも講ずるであろう。

　米国がこの問題に対して関心せざるを得ないのは、支那の自由且独立は太平洋の永久的平和の基礎条件であると信じ、且日本の現在の駐兵は日本の支那支配の表現ではないかといふ危惧に由来する。その懸念が晴たら、日米の間の偕老的（永久的）なる友誼は直に恢復されるであろう。

支那の独立向上を希望するといふ閣下の崇高な見地に立って、閣下の権威を以てこれ等の疑問を一掃する様な方法に出られ、今まで日本政府の真意はかくの如きものでありし、と疑ふ感情の余地なからしむる様にされんことを勧告する。そのための尤も端的な証明は日本軍隊を長城以外に撤退することだ。これは貴国政府に対する凡ゆる疑問を一掃する。一度もしそれがなされたら日本が支那に求めつつあるものは、戦争において尤も効果的に獲べきそれよりも猶一層よく得ることが出来るであろう。私は微力乍ら喜んで両国並に米国間の理解の促進に力める。私の役割は少さい。然し私はこの崇高なる目的の実現に協力せんとする多くの同志を代表するといふ確信の下にこの手紙をかいた。

——レイトン・スチュアートはアメリカ人宣教師の子として杭州に生まれ、人生の大半を中国で過ごした。ただ高等教育はアメリカで受け、ハーバード大学では、「中国びいき」と呼ばれたのちの大統領フランクリン・ルーズベルトと同窓になり、親交を重ねた。その後、北京に燕京大学を創設し、学長として多くの優秀な人材を育成した。また蒋介石からも篤い信頼を得ていたようで、蒋介石の依頼を受け、満州を制圧していた張作霖・学良父子と会見したりしている。

表題には「一九三九年」とあるが、手紙の書かれた正確な時期は特定できない。しかし後出の和平交渉で中山が傅に、「一九三九年初頭のスチュアートの手紙が交渉の基礎となるか」と質問していることから、手紙は、昭和十四年の初めに書かれたものであることがわかる。

この年の一月四日、近衛は汪兆銘工作が一区切りついたとして総理（第一次）を辞していた。和平交渉を提案するにしては多少時機を失していたとも考えられる。もっとも近衛は次の平沼騏一郎内閣でも無任所相として留まり、しかも枢密院議長に就いていたから、文中の「貴下の卓越せる地位」という形容はあながち的外れではない。おそらくスチュアートは時の総理大臣に手紙を書いたというよりは、近衛を有力な交渉相手と見て接触を図ったのではなかろうか。

手紙は六枚の便箋に万年筆で書かれていて、他の文書同様、その筆跡は同じ人物のものであることは明らかである。近衛家の通隆さんも斐子さんも、それらが父の筆であると確言している。

四種類の文書には、いまとなっては解き得ない、いくつかの謎がある。まず、便箋の状態から四つの文書がほぼ同時に、急いで書かれたもののように見えることである。もしそうだとすれば、スチュアートの手紙も昭和二十年に写されたことになる。おそらく英文だったものを自ら訳しながら書いたのではないだろうか。あるいは表題に「近衛公に寄せし」とあるから、もしかすると昭和十四年に誰かが訳していた手紙を写し直したのかもしれない。

もう一つは、和平工作に手を尽くしたことを自身の手記や日記に詳しく記述しているにもかかわらず、それらのなかで、スチュアートの手紙には一言も触れていないことである。何らかの理由によってスチュアートの手紙を無視したということだろうか。それとも当時進めていた汪兆銘工作と両立しないと考えたのだろうか。

ちなみに、スチュアートは戦後に著した『中国での五十年』において以下のように述べている。

「日本には中国という広大な泥沼にはまってしまった好戦的な陸軍に対して、早く戦争を終わらせようとする有力な政治家や軍人たちがいた。彼らの幾人かが私に接触してきたので、私は秘書を東京に二度派遣した……私はこの平和グループから、停戦の条件を教えてほしいという蒋介石総統への伝言を託された。しばらくして非公式にもたらされた総統の停戦条件は極めて合理的な内容だった」

これによると日本側が先にスチュアートに連絡したようだ。文中の有力な政治家が近衛を指すかどうかは不明だが、スチュアートの秘書は傅涇波だけだから、彼が近衛に何らかの方法で手紙を届けたのだろう。蒋介石への伝言を頼んだのが誰なのか、蒋介石の合理的な条件とは何だったのか、いまとなってはそれらを知ることはできない。

ただ、近衛が秘かに手紙を持ち続けていたことは確かである。手紙は、土壇場で活かされることになる。

文書②　スチュアートの和平条件

一九三九年時の陸軍中将に提出せる条件

日支両国が現在の戦争を止め平和を回復するため我々は長き熟考の後次の如き結論に達した。是は両国政府の注意をうながし此の目的の達成に努力せしむべきである。

1、日本は重慶にある国民政府（蒋介石政権）を交渉の唯一の相手とする。

2、両国は近衛セイ明の左の如き諸点を交渉の根拠として同意する。即ち両国善隣干係をソク進する。支那の主権及領土を尊重する。かつ又互ケイ平等の経済共力を実行する。

3、両国は両国間の経済的関係に注意し商業及工業の連帯性をソク進する。但し之は日本の独占を意味しない、かつ第三国の利エキの尊重と両立す。

4、友好のカンジ情をソク進し、特に教育政策に於て善隣干係を強調す。

5、日本が共産党反対の国策をとるに対して支那は内蒙古及北支那五省（河北省など）に対して特別の処置を講ずべし。

6、日本は速に全支那より撤兵すべし。但し現下の情勢に於て萬止むを得ずして日本の若干部隊が両国協議の上、残留する場合は日本と支那との協議に基き最近の将来に於て全軍撤兵の意志ある事を同時に保証すべし。

7、支那の行政権を尊重する意味に於て日本は支那に対し列国（英・仏）の軍隊の撤兵を要求すべし。此処に於て日本単独の撤兵に非ざる事を意味するものなり。

8、更に進んで両国永遠の友好をソク進するために一層相互了解の機会及組織を造ること。

──便箋二枚に書かれたこの手紙にもいくつかの疑問がある。一つはセイ明、ソク進、互ケイ、のような書き方が目立つことである。干係、共力、カンジ情、といった表記も気になる。やはり短時間に訳しながら写したのではないかという先の見方を採用したくなる。また条件の8、は肝心の文章が書かれていない。

表題に「一九三九年時の陸軍中将に提出」とあることから、スチュアートが近衛とは別に陸軍中将に手紙を送ったとも考えられるが、やはり近衛への私信に同封されていたものを陸軍中将に渡したとする方が、自然である。

では陸軍中将とは誰か。

第一次近衛内閣の陸軍大臣は杉山元であったが彼は大将だから、次に陸相に就いた板垣征四郎中将であると考えるのが妥当であろう。板垣はその後、新編の支那派遣軍に総参謀長として赴任すると、現地でスチュアートとの交渉を積極的に進めている。「我々は長き熟考の後……」とあるから、板垣とスチュアートの二人がそのとき合意した条件が、これなのかもしれない。しかしその場合も、多少の不自然さが残るように思う。ちなみに板垣の異動により工作は途絶、それればかりか日本の対米宣戦布告に伴い、スチュアートは日本軍に拘禁され、この工作は水泡に帰した。

文書③　中山・傅、第一回会談その一

五月二十五日傅宅にて、立会　若木、周両人　自午後二時至六時　四時間

近衛声明当時の回顧談より初まり過去は不追(おわず)、将来を語らんとて

中山　蒋氏は重慶政府を指導する権威ありや。

傅　彼は最高委員長なり。

中山　共産党に対しては如何。

傅　そは国内問題なり。

中山　和平問題に対し蔣氏は、自由を持ちうるや、――日本は対重慶和平と同時に対米の問題を有す。

傅　直接全面和平は重慶の欲する処なりし。然し乍ら日本の枢軸加入以来、国際関係に転移し在り、今は日支和平は同時に対米関係と離れ不得。

中山　貴下乃至蔣氏は日本の強国たるの存在を欲するか。

傅　日本なかりせば支那はアフリカの運命たらんこと、過去に於て二度ありし。全支那人民は日本の強きを欲す、但し日本が強くなるか否かは一にかかりて日本一国身の手中に在り。

中山　米国は日本の強国たる存在を許諾しうるや否や此の点貴見如何。

傅　米国は各国等しと言ひ、日本の弱国たるを必要としまじ、唯しかし国同じき水準たらむことを欲するのみ。

中山　予の見る所によれば、日露戦争以後の米国の一貫せる政策は日本の強大を防ぐに在り。(然るに日本の強大と支那の強大と相提携するときにのみ東亜の保衛は可能なり) 日本の生活水準は米国に比べて遥に低度なり。且問ふ、貴下は日本必敗を信ずるか。

傅　凡そ戦争の勝敗を決する客観的条件あり。資源、人口、武器是なり。是より割出せば、勝敗の方則自ら表はる。

中山　貴説に足らざるものあり。予は右の三者に掛けるに「戦争の性格」を以てせんとす。勝敗は欲望に反比例す。十五万円の支那料理を食ふに二十万円の所有者は五万円の所有者よりも優れり。されど炸醤麺(ジャージャーメン)一皿に甘んずる者にとりては五百円の所有と雖も綽(おおから)むとして余裕あり。米の求むる所は日本の降伏なり。日本が降伏せざれば米の敗なり。日本の求むる所は大にしては東亜の、小にしては日本の一国衛なり。それが出来れば勝なり。換言すれば米は勝ち難たく、日本は負け難し。予は日本必敗を前提としては議論に賛同し難し。この問題は日本の対米講和条件に相関連す。日本は合理的条件以外に於て対米講和の余地無し。

傅　敢て問ふ、日本の強国たる条件とは如何。

中山　予一箇人の卒想（思いつき）なる考なり、これには反対も多からん。予一箇としては、この戦争を通して日支の新同盟的新関係が結ばれんか、日本の望は足れり。即ち、七・七事件、――盧溝橋事件以前の状態に還元せば講和和平を希望するの余地ありと偲ふ。台湾朝鮮は日本内部の問題として、これが改善に努力すべし。満州は建国当初の精神理想に基き大改造すべし。七・七以後は日支対立なりしも、今度は日支善隣提携の姿勢なり。

傅　貴説の如くんば即刻これが実現を図らざるべからず。今は時間の問題なり。日米の戦は今日まで決戦に不至(いたらず)、一度決戦に入り、仮りに日本利あらずとせんか、このとき日本は強国たるの途なく、又中国としてもこれを救解するの途無きに至らん。戦争は手段にして、目的を達するには外交顧慮活用せざる不可（べからず）。

中山　如何に着手すべきか。スチュワート氏の斡旋は米国の戦争加入を欲せざる時代の事なり、今日米人たるスチュワート氏が従前の態度を取るや否や、疑問なり。

傅　御尤なり。予も久しく彼と相不見、断言を憚らぬ、長き交際よりして彼の性行は略（おおよ）そを知る。予と彼とは蒋氏の委嘱（いしょく）により両輪の関係に在り、必要なことは、日本の信頼すべき国民的内閣が、信頼すべき責任者を派し、吾等三人対座して前後の策を研究するに在り。彼は吾人に於て要するに工具なり。

中山優

——中山・傅会談は二度にわたって北京で行なわれたようだ。

会談の内容は便箋十四枚に写されている。日付は五月二十五日とだけ書かれていて、昭和二十年との記述はないが、五月二十九日の会談の冒頭に「鈴木内閣は……」とあり、昭和二十年四月に成立した鈴木貫太郎内閣を指していることは明らかである。

中山優は熊本県出身、鹿本中学（旧制）を卒業後、近衛文麿の父、篤麿公爵が創設した上海の東亜同文書院政治科に学んだ。といっても学生時代はほとんど授業に出ず、酒色に耽（ふけ）

り、何度も叱責を食らったあげく退学になったという猛者だった。中退後、朝日新聞の記者になったが体調を崩し、しばらく療養したのち、外務省情報課の嘱託となる。その頃に書いた「対支政策の本流」という論文が近衛の眼にとまり、以来、総理秘書官として近衛声明などの原稿を執筆するようになった。

昭和十三年三月、満州国に建国大学が設立されると、開校に尽力した石原莞爾少将に請われて教授に就任する。学生時代は破天荒ぶりを発揮した中山だが学識は豊かで、日本有数の中国研究の権威であった。

一方の傅涇波燕京大学教授はスチュアートの秘書であり、彼の右腕的な存在であったようだ。前述のとおり、日米が開戦するとスチュアートが日本軍に拘禁されたため、交渉は傅を通さざるを得なくなった。

傅は一九〇〇年、満州正紅旗人と呼ばれる清朝貴族の家庭に生まれた。一族が満州国皇帝溥儀の愛新覚羅家に連なることから、スチュアートをスパイ容疑で逮捕した憲兵隊も傅には手を出せなかったのだろう。もっとも、極めて親日的な人物であったようで、一九四九年、毛沢東によって蒋介石派の傅及びその家族がスチュアート大使とともに米国に追放された際、長女を東京に留学させている。

冒頭の「近衛声明当時の回顧談より初まり」という記述を読むと、中山、傅の両人がスチュアートの手紙についてよく知っているような印象を受ける。さらには「昔の話はやめよう、将来を語ろう」とあるから、二人がスチュアートの手紙をめぐって、何らかの接触をしていた可能性があったとさえ感じられる。

まず、傅の「日本なかりせば支那はアフリカの運命（植民地の意であろう）たらんこと、過去に於て二度ありし」という発言は鮮烈である。その二度とは、何を指すのだろうか。一つは一九〇五年、満州を占領していたロシア軍を日本軍が追い払った日露戦争であろう。もう一つは、「扶清滅洋（ふしんめつよう）」のスローガンを掲げて中国全土を荒らしまわった義和団を日本軍が主体となって鎮圧したことであろうか。

「勝敗は欲望に反比例す」という表現も意味深長である。貪欲なアメリカに対して日本が求めるのは、東亜を守ることであり、最悪でも日本一国を守ればいい。すなわち、五百円しか持たない日本は焼きそば一皿で満足し、アメリカのように十五万円もする中華料理を食べたいとも思わないという意味なのだろう。付言すれば「東亜」とは、単に地理的に東アジアを指すものではなく、日本を盟主とする「東アジア共同体」といった意味合いを持つ概念である。

この辺りから交渉はより具体的になる。傅が「和平を達成するには外交を活用するしかない」というのを受けて中山は「どうすればよいか」と問い返す。さらに「スチュアートが仲介した工作はまだ可能なのか」と。これに対して傅は「心配はいらない。彼とは長い付き合いだから。

我々二人は蒋介石の代理であり、車の両輪である」と答えている。その上で彼は、早く鈴木内閣が責任者を派遣すべきだというのだ。「彼は工具なり」とは中国語で「彼は手段である」という意味である。

これらのやりとりは会談のなかでも特に重要な部分である。もし傅がいうような形で準備が進められていたなら、その後の経過はかなり違ったものになっていたのではないかと思われる。

中山・傅、第一回会談その二

中山 信義上、名前を聞かざりしも、予は上海に於て蒋氏の代表者には非ず単なる連絡員と称する者に遇ひたり。

傅 予は八年間、和平の使者として此に居り、時機の至るを待てり、予は断言す、和平地区内に於ける蒋氏の代表は予一人なり。そは重慶の放てる多くの情報員の一人なり。

中山 戴笠（たいりゅう）なる者は如何。

傅 彼は軍人の特別行動隊なり。戴笠を北方に派遣するといふ議のありし際、予は拒絶せり。何となれば、予の和平工作と彼の戦争行動とは両立せず。

中山 対米問題は別として、日本の支那に関する限り最早疑ふを已めよ。日本は支那を圧迫侵略する必要も力もなし。

傅　然り。戦争を已めることなり。日米戦争と雖も、その因支那問題に在り。支那は今日猶操縦の権を有す。長引けば北方の蘇露（ソ連）の問題も在り日本にとりて不利なり。

中山　米国の帝国主義は然かし生易しき物に非ずと思はる。従て日本は上陸米軍を汀（なぎさ）に引き寄せ乾坤一擲打撃を与へて彼の戦意を挫く外無（なから）んとも思はる。此の決論を憚る所以なり。但し貴意のある所は恭（うやうやし）く諒承せり、予は大爆撃后の日本を親しく見聞し、何分考ふる所あらんとす。最後に吾人の心得べき事あり。一現象の生ずるにはその歴史的因縁あり、歴史の運転は畢竟天地間の道理に立つなり。日支和平も、世界平和も這（こ）の道理の上に立たずんば泡抹の如し。天行健、君子以自彊（じきょう）不息は天人関係の第一原則なり。英米の不在地主的世界観に対し、吾人は反対の立場より批判を有すべきなり。

傅　貴説は東洋を忘るるなといふ意味ならん。詢（まこと）に然り。中国人もこの点大いに責あり。孫中山（孫文）先生の力説する所も又斯くの如し、但し日本が治外法権撤退しよりて初めて独立心を得たるが如く、それに比し支那は昨今なり。自主を得たる支那に時を藉（か）せば支那は自ら精神的自主を得ん。

——傅は八年間、蒋介石の使者として北京にいて、和平の到来を待っていたと明かし、和平地区内では蔣介石の代表は自分だけだといい切っている。和平地区とは日本軍の占領区域で、当時は北京、南京、上海、香港、青島など広大な地域にわたっていた。

戴笠は「藍衣社」と呼ばれた秘密組織の責任者である。親日的人物の殺害やテロ行為を行ない、蔣介石を裏切った張学良の逮捕、汪兆銘暗殺未遂事件なども起こした。だから戴笠のような男が使者として北京に来ることを、傅は拒絶したのだろう。

中山がいう「大爆撃」は、昭和二十年三月十日の東京大空襲を指すものと思われる。「天行健……」とは、天の運行は悠久の彼方からまったく途切れることなく健全に行なわれている、人々の上に立つ者もこのように健全でなければならない、という意味であり、中山はこの原則に反する植民地主義の英米を批判しているのだ。これに対して傅は中山に同意を示し、孫文も同じ考えだったと返している。二人のやりとりはまさに十年の知己のように熱っぽく感じられる。

文書④　中山・傅、第二回会談

翌日二十八日書翰を以て問ひしに対す口答（二十九日朝於六国飯店）

中山　日本鈴木内閣は最終決戦内閣たるの気魄なき事同感。但し組閣后の施策を見るに取るべきものなきに非ず。且つ君の言の如く事急なり。知らず、若し現内閣の統一的方針の下に、現地の楠本花輪乃至は本国より芳沢等の列をして兄等と談合せしなるは如何。

傅　如何なる内閣にせよ責任ある有識者ならばこれと語るに吝かならず。楠本花輪列るならば雑談の範囲を出ること困難なるべし。

中山　予は着任後、屢重慶の尤も信頼するは石原莞爾将軍にして蒋氏も東亜連盟に賛成なりと聞けり。果して事実なりや。

傅　石原其人は未だ不知、東亜連盟の思想には同感なり。

中山　米国に対する貴下の感覚に対しては僅疑惑無き不能、米帝国主義は止る所を不知るものあり。（重慶延安は畳て日本帝国主義を言ふ。彼等は不学なり。日本は労働国なり。支那も亦然り）然りと雖も、重慶に操縦の自信あり且つ日本を救解する誠意ありと聞くは感謝する所なり。いずれにせよ、強（正）国日本と強（統一）国中国との結合にのみ東亜の出路の存する事は忘る不可。一九三九年初頭のスチュワートの手紙、近衛公宛の書翰内容は、大体今日と雖も交渉の基礎となしうるや否や。

傅　米国問題に就ては議各見る所あり議論になる故やむべし。日支両国が労働国たること同感なり。スチュワートの手紙は今日の環境が異る故、其儘とは申し難し。但しあの精神を基礎とすること依然たり。

中山　英米の文明は人情に遠し。我東方王道の忍びざるものと同じからず。彼等の独、伊に対する態度に於て見るべし。誰か所謂戦争責任者を審判しうるものぞ。若し、東亜各地域の独立運動の志士をして、ヒトラー、ムソリーニの跡を追はしむるが如くんば、これ日本の道義に於て堪ゆ能はざる所なり。

傅　独伊に対しては英米主たりき、東亜の問題に対しては支那主役なり。御話の点は百中九十五まで保証し得ん。

中山　今朝聞く所によれば重慶は最近和平地区の運動者三百人に対し死刑を、二千余人に対し国民籍剥奪を宣告せりと。かくの如きは和平交渉の前途に対し暗影を投ずるものに非ずや。

傅　和平に名を藉りて昇官、発財する賤悪の人物を処分するは中国の国内問題なり。且つ、それは宣言にして未だ実際に死刑を行はず、且つその人物の性行を仔細に看取せられ度し。

（追加）本問答中には議したるも、若木、周両名を通しての申込は結論として至急、日本側の然るべき適格者を北支某地に派遣せられ度く、スチルウェルと共に、乃至は傅単独に、別に重慶よりの正式代表（曽ては孔祥熙といへり）と共に、即断即決の用意ありと。

猶若木と共に周外一名の支那人を渡日せしめ通信機関杜絶の際は至急帰国せしめて重慶に急遽代表を派遣せしめる意図なりし。

——中山は傅宅での会談後、傅に書簡を届け、確認の質問をしたようだ。それに対して傅が答える形で第二回目の会談が、北京の六国ホテルで行なわれた。「翌日二十八日」とあるのは明らかに誤りだが、これは近衛が「翌日」と書いたあとで「二十八日」と挿入したもので、「翌日」を消し忘れたのだろう。

中山の冒頭の発言は、その前に傅による鈴木内閣への批判があって、それを受けたものと思われる。さらに中山は、正式な会談で中国側と話し合う日本側の候補について尋ねている。現地の楠本、花輪ではどうか、それとも本国から芳沢クラスを送らせるか、と。はじめの二人は北京公使の楠本実隆（さねたか）と南京総領事の花輪義敬であり、芳沢とは元外相の芳沢謙吉のことである。傅は即座に「決定権を有する人物なら構わないが現地の楠本や花輪などでは雑談にしかならない」と答えている。すなわち外務大臣クラスならOKということだろう。

傅涇波（右端）とスチュアート（1953年撮影）

中山は、昭和十四年の近衛へのスチュアートの手紙の内容（和平条件）は現在も交渉の基礎になるかどうかを問うている。これに答えて傅は、当時とは環境が違うとしながらも、手紙の精神は依然として生き続けていると話す。

米英に対する中山の批判は手厳しい。米英の独伊へのやり口は道義に外れている、一体誰が戦争犯罪人を裁けるというのか、と。これに対して傅は「独伊に対しては英米が主役だが、東亜の問題は中国が主役だ」と答える。

この交渉で中山は、かなりはっきりというべきことをいっているという印象がある。ちょうど会談中に蒋介石側が親日派の中国人を粛清した事件があったようで、これについても単刀直入に傅に質している。その答えは、「それは中国の国内問題である、しかも実際に死刑は実行されていない」というものだった。

「(追加)」の部分を読めば、蒋介石側が真剣に交渉に対応しようとしている姿勢が見て取れる。傅は、日本が特使を派遣すれば「即断即決する」といい切っている。孔祥熙は蒋介石の義兄である。スティルウェルは蒋介石の参謀長だが、この直後、戦死したバックナー中将の後任として沖縄戦に出征している。

使節団、北京へ

五月二十九日、会談を終えた中山はすぐさま帰国したようだ。

中山はこう回顧している。

「五月、重慶との和平交渉の一線を携えて帰京し、箱根湯本の別荘に近衛公を訪ねた」(『中山優選集』）

この「和平交渉の一線」が文書③④であることは明らかであり、このとき近衛が中山から聞き取ったものであろう。いずれにせよ中山を北京に赴かせたのが近衛であることは、疑いない。だが少なくとも、傅との会談では、近衛の影は見えない。中山が会見を提案したようになっている。おそらくその方が国内的には速やかに運ぶと近衛は考えたのではないだろうか。

大東亜省の次官だった田尻愛義はその回想録で、

「六月に中山優さんが杉原荒太総務局長（戦後、防衛相）を訪ね、まずスチュアートと秘書の傅を口説いて第一歩を踏み出すという筋書をもちこんだ」（『田尻愛義回想録』）

と記している。

田尻次官によれば、川越茂外務省顧問（前駐華大使）が乗り気で、彼が東郷茂徳外相の同意を得、阿南惟幾（これちか）陸相にも連絡をつけ、特使には、東郷が河相（かわい）達夫に白羽の矢を立てたという。そのときの経緯は河相自身が書いている。

「豪州大使をやめて日本に帰り、役人もやめて文字通り骨と皮になって三反歩の山地を一人で耕している頃だった。夜中だったがとつぜん警察署から電話だという。何だろうと思いながら出てみるとそれが東郷外務大臣からの電話であった。

『大至急、東京に帰ってくれぬか』

という。探しにさがして、わたしのいるところをやっと突きとめたのだという。急いで上京すると、

『北京へ、行ってくれぬか』

という話である。

『戦争はもうどうにもならない。ソビエトに仲裁してもらって、なんとか有利な講和をしたい。そのためには近衛をモスクワへ特使として派遣する。その近衛ミッションに併行して、もう一本のミッションを蒋介石に出すことになった』

つまり、わたしに、その重慶工作の特使をしてくれ、というのであった」（月刊『話』昭和二十七年六月号）

副使として参謀本部から山崎重三郎中佐、外務省から中国語に堪能な永井洵一元天津総領事を派遣することも決まった。

ところが、ここまではさっさと運んだにもかかわらずその後、使節団はなかなか出発しなかった。実は、昭和天皇が近衛を召して、モスクワに行きスターリンと交渉するよう、勅命を下したのだ。このため対ソ工作を優先すべく、それまで非公式に行なわれてきたバチカン、スウェーデン、スイスなどでの和平工作が打ち切られ、河相一行も足止めされたのである。しかし日本への参戦を決めていたソ連が和平に応じるはずもなく、近衛の訪ソ予定はずるずると引き

延ばされていた。河相はこう書いている。
「近衛さんは、モスクワに行くばかりになっていた。ところが、かんじんのモスクワは、ヤルタ協定があるから相手にしてくれない。そこで、これは沙汰やみになり、のこるはいよいよ蒋介石へのコース一本ということになったのである」（前掲書）
結局、一行が北京に飛んだのは、七月十三日である。しかも、現地の北支軍が執拗に工作を妨害したため、傅の案内でスチュアートと面会を果たしたのは、原爆投下後の八月十一日だった。もはや交渉どころではなく、スチュアートも、
「（使節団に対して）私はどうすることもできなかった。私は河相に、なるべく早く天皇はポツダム宣言を受け入れるべきだ、と助言するしかなかった」（『中国での五十年』）
と記している。
残念ながら近衛のぎりぎりの終戦工作は実を結ばなかった。もともと敗色が濃くなり、窮境に追い詰められていた日本が、無条件降伏ではない終戦交渉を行なうことは難しいことではあった。だが、中山と傅による根回しの段階では、少しでも戦争終結を早める可能性が残されていたのではないだろうか……。

松藤竹二郎（元毎日新聞記者）

1。一九三九年 Leighton Stuart レイトン スチュアート より 近衛公へ[illegible]

近衛公閣下、 [illegible]

[illegible] 私は支那生れの米国人です。長[illegible]

[illegible]を愛敬するが同様に心から日支両国の親善を希って居るのです。 [illegible]両国の[illegible]の利益のみならず又[illegible]

[illegible]

2。現在の紛争は、[illegible]

日本は支那の[illegible]

と思って居る。[illegible]

[illegible]

しようと思って居る。

[illegible]近衛声明に於て日本は何等支那の[illegible]

[illegible]

大体日本は占領地[illegible]

[illegible]。日本は防共[illegible]

[illegible]

内部の[illegible]

3。防共の[illegible]

[illegible]

[illegible]日本の[illegible]、内で支那人の[illegible]

[illegible]

相互の[illegible]の一班である。[illegible]

[illegible]

[illegible]

私の[illegible]、[illegible]支那は日本の帝国[illegible]

[illegible]

[illegible]

[illegible]

[illegible]支那の[illegible]

[illegible]

日本の[illegible]日本の支那[illegible]危険と[illegible]

[illegible]

[illegible]であろう。

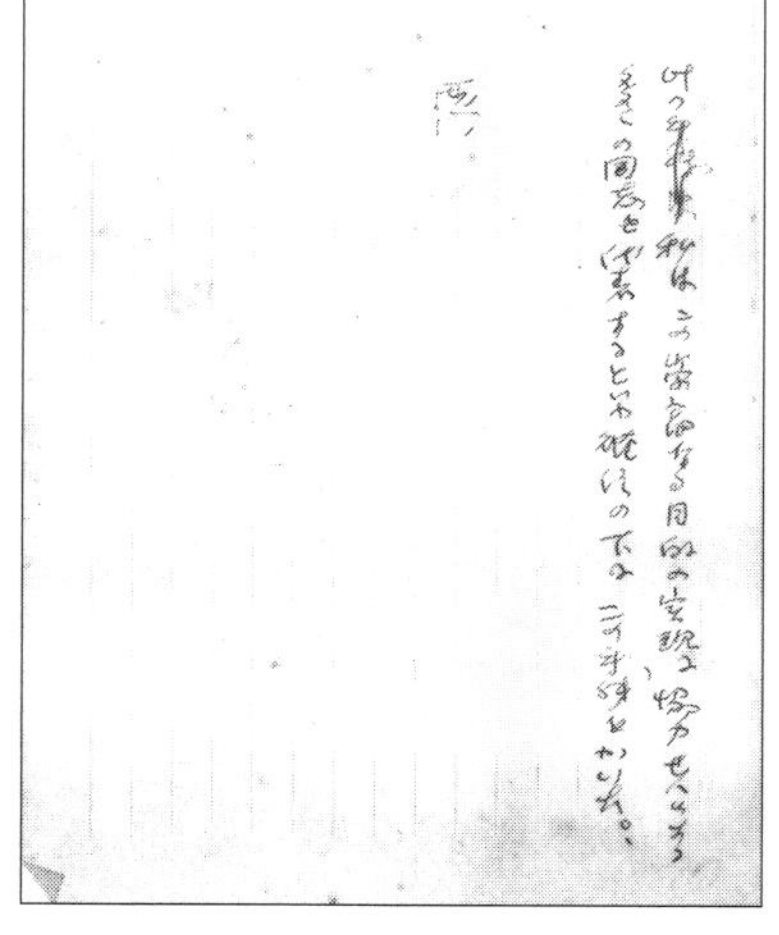

a、吾一箇人ノ年来ナル考也、コレガ一ハ反対モ多カラン。
吾一箇トシテハコノ戦争ヲ通ジテ日支ノ新同盟的新関係ガ
結バレレバ、日本ノ望ハ足レリ。南京政府ハ、七七事件ノ[illegible]
[illegible]ノ状態ヲ[illegible]セバ日本ハ[illegible]
[illegible]スル余地アリト思フ。[illegible]ハ日本内部ノ[illegible]
トシテコレガ改善ヲ果スベシ。満州ハ[illegible]
大陸[illegible]スベシ。七七以前ハ日支対立ナリシモ、[illegible]
提携ノ姿勢也、
b、[illegible]即刻コレガ実現ヲ[illegible]ネバナラズ。今ハ[illegible]
世日米ノ[illegible]ハ今日マデ決裂ニ至ラズ、一旦決裂ニ至リ、[illegible]日本

a、汪兆銘ハ[illegible]リシモ、是ハ[illegible]ニ於テ、蒋氏ノ[illegible]
[illegible]、単ナル連絡者ト[illegible]
b、吾ハ今後、和平ノ使者トシテ[illegible]限リ[illegible]
[illegible]言ス。和平地区[illegible]ノ[illegible]ハ汪一人也、 [illegible]
[illegible]一人也、
a 戴笠ハ[illegible]、
b、[illegible]ハ軍人ノ特別行動隊也、[illegible]
[illegible]際、吾ハ拒絶セリ、何トナレバ吾ノ和平工作ニ[illegible]
戦争行動トハ両立セズ。

利アラズトセンカ、コノトキ日米ハ[illegible]ノ途ナク、又中国トシテモ
[illegible]ノ途ナキニ至ラン、戦争ハ手段トシテ目的ヲ達スルハ外交ニ訴
a、如何ニ[illegible]スベキ乎、[illegible]氏ノ[illegible]ハ[illegible]
[illegible]セザル時代ノ事也、今日[illegible]スチワード氏ガ[illegible]
[illegible]
b、[illegible]也[illegible]相不免、[illegible]
[illegible]ハ[illegible]知ル。[illegible]
[illegible]日本ノ[illegible]国民
[illegible]
[illegible]工具也

a、日本[illegible]リ、日本ノ[illegible]
[illegible]、日本ハ[illegible]力ナナシ、
b、[illegible]也、日米戦争ト[illegible]
[illegible]ヲ有ス。[illegible]
[illegible]
a [illegible]
[illegible]、日本ハ
[illegible]
[illegible]日本ノ[illegible]見
[illegible]

最後ニ吾人ノ心得ベキ事アリ、一現象ノ生ズルハソノ歴史的因縁アリ、歴史ノ過程ハ畢竟天地間ノ道理也、日支和平モ世界平和モ[illegible]ノ道理ニヨリテ立タザレバ[illegible]如シ。[illegible] 天行健、君子自彊不息ハ天人国家ノ原則也、英米ノ不尊重他主的世界観ヲ排シ、吾人ハ反対主張シ批判ヲ有スベキ也、

b、貴説ハ友好ヲ忘ルナトイフ意味ナラン、[illegible]然リ、中国人ニモ[illegible]ノ責アリ。[illegible]ノ力説スル所モ又[illegible]如シ、但シ日本ガ[illegible]ヨリ[illegible]ノ[illegible]ヲ[illegible]如シ、ソレ此レ支那ハ[illegible]也、自主ヲ[illegible]支那ト[illegible]

一 翌日書簡ヲ[illegible]口述（一九三九年[illegible]）

a、日本[illegible]内閣ハ[illegible]内閣[illegible]ナリ、但シ[illegible]ノ施設ヲ見ルト[illegible]十年[illegible]、理ヲ[illegible]事急也、知ラズ、若シ[illegible]ノ方針ノ下ニ、政治ノ[illegible]義論ノ[illegible]列ナリ[illegible]

b、[illegible]内閣[illegible]、[illegible]此[illegible]義論[illegible]国[illegible]

何

a、[illegible]ハ[illegible]、[illegible]ナリト[illegible]ナリ[illegible]。

b、[illegible]ハ同意也。

a 米[illegible]、[illegible]、米英国[illegible]（世界[illegible]）日本[illegible]、[illegible]也、日本ハ[illegible]国也、支那モ[illegible]）[illegible]重要ノ[illegible]アリ、日本ヲ[illegible]アリト[illegible]所也、[illegible]日本ト[illegible]中国ト[illegible]東亜ノ[illegible]ノ[illegible]、一九三九年[illegible]スチュワートノ[illegible]近衛[illegible]ノ[illegible]、大体ニ日本[illegible]ナレ[illegible]

支那ノ自ラ軍[illegible]自主ヲ[illegible]

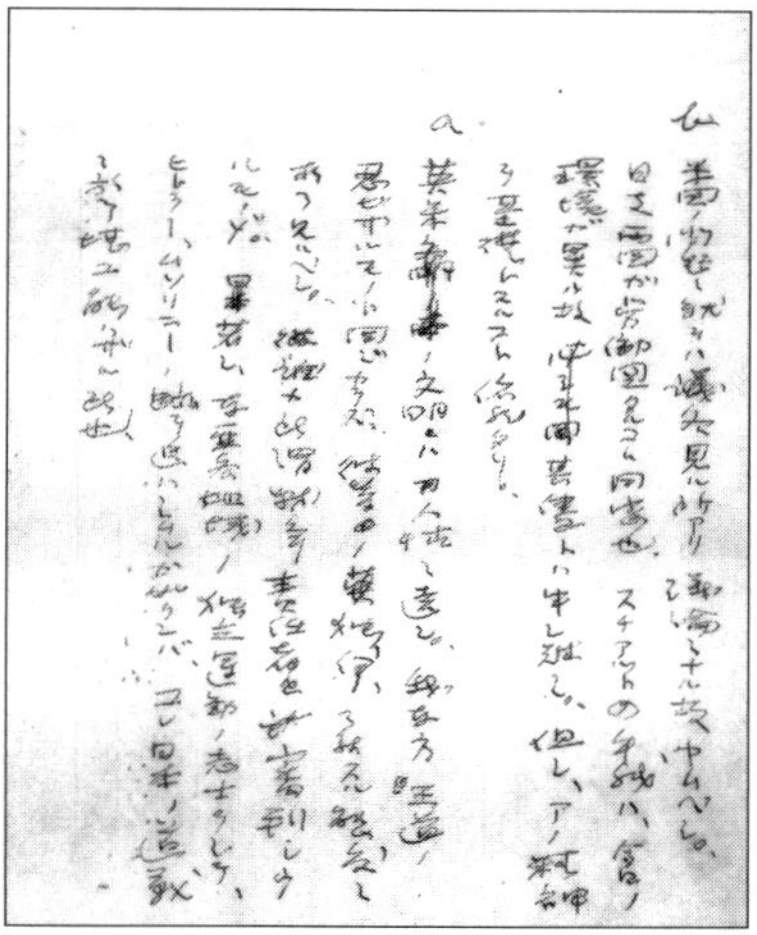

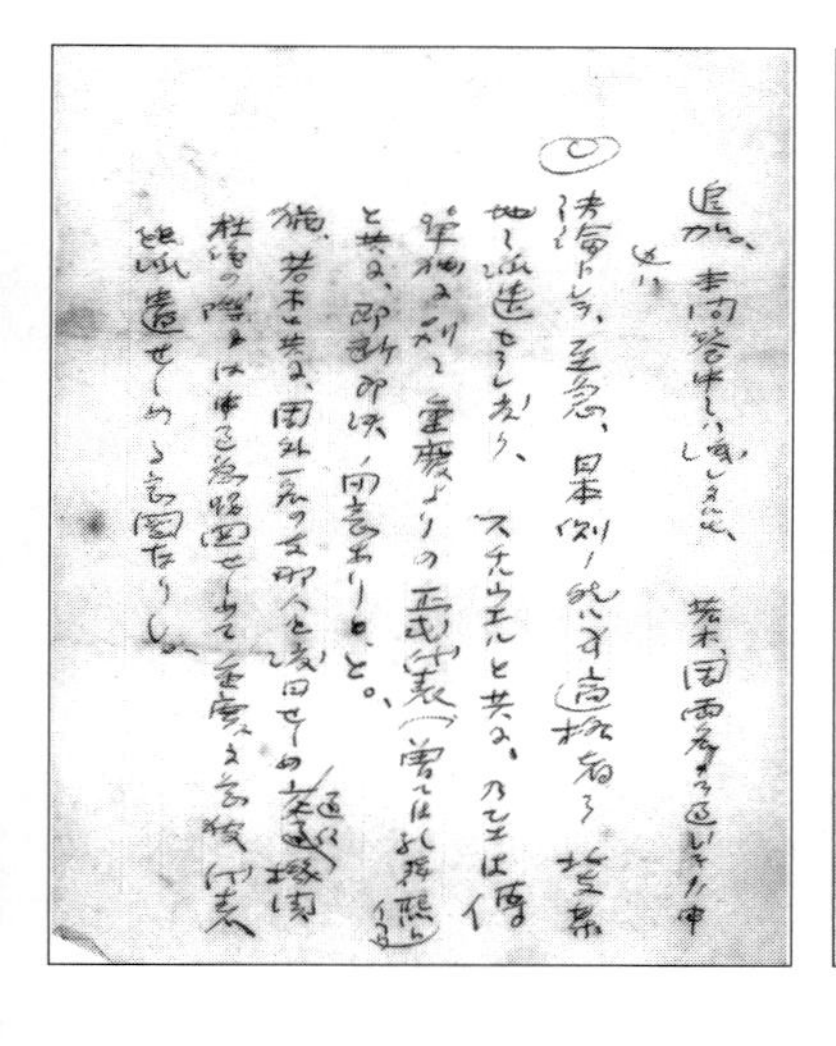

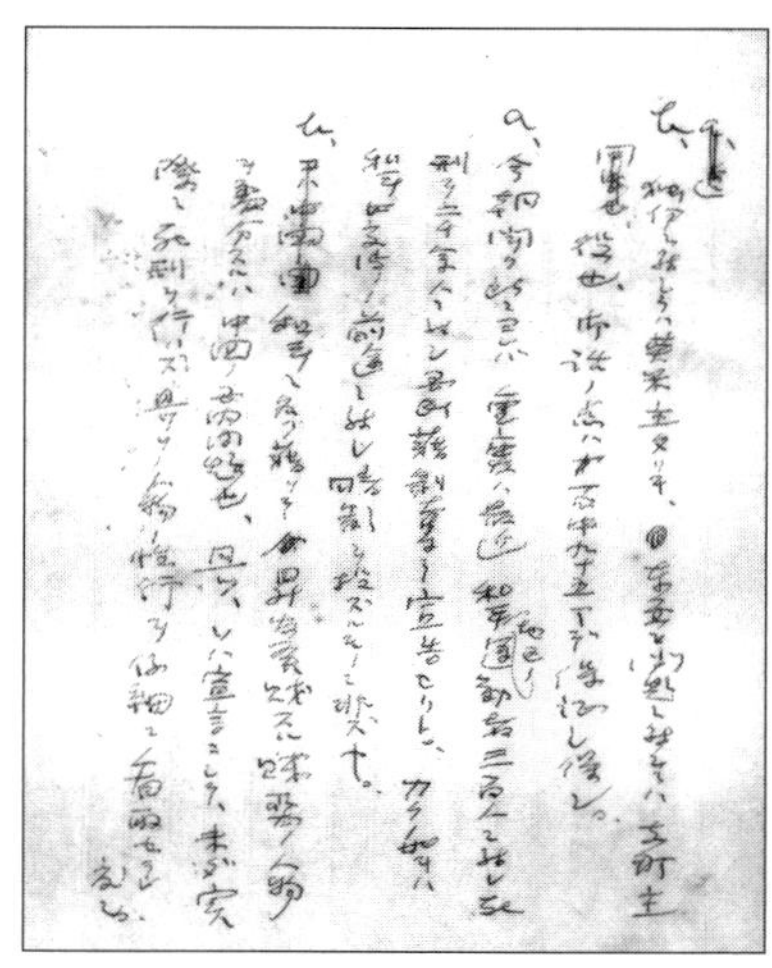

参考文献

『平和への努力』近衛文麿（日本電報通信社）
『失はれし政治』近衛文麿（朝日新聞社）
『近衛日記』近衛文麿（共同通信社）
『支那事変の回想』今井武夫（みすず書房）
『日米・開戦の悲劇』ハミルトン・フィッシュ（ＰＨＰ文庫）
『大東亜戦争回顧録』佐藤賢了（徳間書店）
『近衛文麿「六月終戦」のシナリオ』道越治（毎日ワンズ）
『近衛家の太平洋戦争』近衛忠大（ＮＨＫ出版）
『近衛文麿』岡義武（岩波書店）
『近衛文麿』筒井清忠（岩波書店）
『近衛文麿』古川隆久（吉川弘文館）
『戦後欧米見聞録』近衛文麿（中央公論新社）
『清談録』近衛文麿（千倉書房）
『無念なり、近衛文麿の闘い』大野芳（平凡社）

『われ巣鴨に出頭せず』工藤美代子（日本経済新聞社）
『近衛文麿「黙」して死す』鳥居民（草思社）
『西園寺公望』岩井忠熊（岩波書店）
『元老西園寺公望』伊藤之雄（文藝春秋）
『勝ち組が消した開国の真実』鈴木荘一（かんき出版）
『加藤高明』伊藤正徳（大空社）
『加藤高明と政党政治』奈良岡聰智（山川出版社）
『山県有朋』岡義武（岩波書店）
『山県有朋』伊藤之雄（文藝春秋）
『帝国陸軍の本質』三根生久大（講談社）
『日露戦争と日本人』鈴木荘一（かんき出版）
『幣原喜重郎とその時代』岡崎久彦（ＰＨＰ研究所）
『宇垣一成』渡邊行男（中央公論社）
『石原莞爾』阿部博行（法政大学出版局）
『石原莞爾』小松茂朗（潮書房光人社）
『全文リットン報告書』渡部昇一（ビジネス社）

『外務省革新派』戸部良一（中央公論新社）
『昭和十年代の陸軍と政治』筒井清忠（岩波書店）
『昭和陸軍の将校運動と政治抗争』竹山護夫（名著刊行会）
『昭和陸軍の軌跡』川田稔（中央公論新社）
『日本軍閥暗闘史』田中隆吉（中央公論社）
『日本軍閥興亡史』松下芳男（芙蓉書房出版）
『全日本国民に告ぐ』荒木貞夫（経営科学出版）
『評伝真崎甚三郎』田崎末松（芙蓉書房）
『二・二六事件』高橋正衛（中央公論新社）
『二・二六青春群像』須山幸雄（芙蓉書房）
『二・二六』小林亮（勉誠出版）
『2・26事件の衝撃』太平洋戦争研究会（PHP研究所）
『本庄日記』本庄繁（原書房）
『昭和天皇』古川隆久（中央公論新社）
『昭和天皇』原武史（岩波書店）
『昭和天皇独白録』寺崎英成（文藝春秋）

『昭和天皇側近たちの戦争』茶谷誠一（吉川弘文館）
『重臣たちの昭和史』勝田龍夫（文藝春秋）
『昭和天皇と立憲君主制の崩壊』伊藤之雄（名古屋大学出版会）
『新版日中戦争』臼井勝美（中央公論新社）
『日中戦争史』秦郁彦（河出書房新社）
『支那事変戦争指導史』堀場一雄（原書房）
『軍国日本の興亡』猪木正道（中央公論新社）
『中国共産党史』大久保泰（原書房）
『多田駿伝』岩井秀一郎（小学館）
『日中和平工作の記録』広中一成（彩流社）
『幻の日中和平工作』今井貞夫（中央公論事業出版）
『ピース・フィーラー』戸部良一（論創社）
『広田弘毅』服部龍二（中央公論新社）
『広田弘毅』広田弘毅伝記刊行会（葦書房）
『元帥畑俊六回顧録』軍事史学会（錦正社）
『杉山メモ』参謀本部（原書房）

『陸軍省軍務局史』上法快男（芙蓉書房出版）
『アルフレッド・マハン』谷光太郎（白桃書房）
『シーパワーの世界史』青木栄一（出版協同社）
『アメリカの罠に嵌まった太平洋戦争』鈴木荘一（自由社）
『私の履歴書』近藤道生（日本経済新聞社）
『近衛公の生涯』細川護貞（共同通信社）
『第二次大戦回顧録』W・チャーチル（毎日新聞社）
『濁流』山本有三（毎日新聞社）
『回想十年』吉田茂（毎日ワンズ）
『真珠湾の代償』福井雄三（毎日ワンズ）
『敗戦日本の内側』富田健治（古今書院）
『回顧八十年』佐藤尚武（時事通信社）
『細川日記』細川護貞（中公文庫）
『風雪五十年』内田信也（実業之日本社）
『日本の遺書』大宅壮一（ジープ社）
『岡田啓介回顧録』岡田啓介（毎日新聞社）

『西園寺公と政局』原田熊男（岩波書店）
『中山優選集』中山優（中山優選集刊行委員会）
『葛山鴻爪』小磯国昭（小磯国昭自叙伝刊行会）
『真崎甚三郎日記』真崎甚三郎（山川出版社）
『妻たちの二・二六事件』澤地久枝（中公文庫）
『日中戦争』児島襄（文春文庫）

カバーデザイン・本文ＤＴＰ／長久雅行

愚かなる開戦　近衛文麿、命を賭した和平交渉

第一刷発行――二〇二五年一月二〇日
第三刷発行――二〇二五年二月二六日
著者――鈴木荘一
発行人――祖山大
発行所――株式会社 毎日ワンズ
〒一〇一－〇〇六一
東京都千代田区神田三崎町三－一〇－二一
電　話　〇三－五二一一－〇〇八九
ＦＡＸ　〇三－六六九一－六六八四

THE MAINICHI 1 ONES 毎日ワンズ

印刷製本――株式会社 シナノ

ISBN 978-4-909447-31-9